◎上海市“十二五”重点图书
◎当代中国经济实证分析丛书
◎本项目获支持高校服务国家重大战略出版工程资助

中国村镇低成本能源系统生命周期评价及指标体系研究

王　婧◎著

上海财经大学出版社

图书在版编目(CIP)数据

中国村镇低成本能源系统生命周期评价及指标体系研究/王婧著．—上海:上海财经大学出版社,2015.8
(当代中国经济实证分析丛书)
ISBN 978-7-5642-2181-2/F·2181

Ⅰ.①中… Ⅱ.①王… Ⅲ.①农村能源-评价-研究 Ⅳ.①S21

中国版本图书馆CIP数据核字(2015)第148554号

□ 责任编辑 施春杰
□ 封面设计 朱建明
□ 责任校对 卓 妍 胡 芸

ZHONGGUO CUNZHEN DICHENGBEN NENGYUAN XITONG SHENGMING ZHOUQI PINGJIA JI ZHIBIAO TIXI YANJIU

中国村镇低成本能源系统生命周期评价及指标体系研究

王 婧 著

上海财经大学出版社出版发行
(上海市武东路321号乙 邮编200434)
网 址:http://www.sufep.com
电子邮箱:webmaster @ sufep.com
全国新华书店经销
上海华教印务有限公司印刷装订
2015年8月第1版 2015年8月第1次印刷

710mm×1000mm 1/16 11.5印张 158千字
定价:33.00元

前　言

低成本村镇能源系统的评价问题是一个多层次、多指标耦合的复杂问题。本研究在能源供需日益紧张的背景下和大力发展村镇建设的政策下，关注村镇能源系统的建设，通过生命周期评价(Life Cycle Assessment，LCA)的方法研究不同能源方案对生态环境的影响，建立村镇能源系统的LCA评价体系及案例示范，试图将村镇能源系统可能带来的外部不经济性内部化，以便更科学合理地确定村镇能源发展规划的目标，得到可以对工程设计起指导作用的结论。本研究对推进我国社会主义新农村建设和促进整个社会的节能减排都有实际的指导意义。

研究围绕“低成本”的概念，首先对三个不同热工分区的十个村镇的能源系统现状进行调研，涉及地域广、周期长，对各个村镇社会经济概况、能源需求与供给等现状进行数据归整并进行因素影响分析，归纳不同村镇的用能特征。在全面调研的基础上，提出不同资源现状的村镇能源系统能量平衡分析方法，为村镇能源发展规划搭建数据分析平台。再以村镇资源当地化和能源的清洁可再生化为前提，以经济低成本和环境低成本为目标，对村镇能源转化技术和系统末端设备进行先进性选择，提出适用于北方村镇的新供热末端方式。建立LCA清单分析模型，对能源上游阶段数学模型进行改进，并提出使用阶段数学迭代模型，其中上游阶段包括能源开采、生产、运输、输配等阶段，基于此模型对12个能源系统组合进行LCA案例分析，获得清单分析输出参数，并进行环境影响评价。对清洁可再生能源系统进行经济性分析，建立初投资和运行费用计算模块，得到秸秆燃气和沼气的“当地化”单位燃气成本，并分析了燃气成本与用气量之间的关系。以LCA清单分析输出为基础，基于全球变暖潜在影响、人体健康影响和局域环境污染三种影响类型获得各能源方案的环境成本。利用综合成本论证了不同能源系统在村镇的环保性和可行性。在社会资源、环境影响和综合成本三部分数据的基础上，设计了村镇低成本能源系统评价指标体系，包括四个指标层，并基于主成分分析和因子分析法对指标原始数据进行处理和过滤，得到村镇低成本能源系统社会—环境—经济综合评价结果，为在村镇发展清洁可再生能源提供了理论基础和数据支撑。

王　婧

2015年2月

目　录

第一章

研究背景及文献综述

第一节　研究背景

近代人类社会，由于人口的迅速增加、生产的不断发展和工业的不断集中，使得自然界的财富被索取得越来越多，随之投向周围环境的废弃物也越来越多。尤其是自 20 世纪 50 年代以来，人类所面临的人口猛增、粮食短缺、能源紧张、资源破坏和环境污染等问题日益恶化，导致“生态危机”逐步加剧、经济增长速度下降、局部地区社会动荡。世界经济快速发展使得对能源的消耗激增，而消耗能源尤其是化石能源造成了严重的环境污染和不可逆的环境破坏。这就迫使人类重新审视自己在生态系统中的位置，并努力寻求长期生存和发展的道路。“可持续发展”（sustainable development，《世界保护策略》，1980）是其中最有影响和最具代表性的思想。

我国自改革开放至今，社会经济达到了空前的高速发展，但与此同时，区域性大规模的水、气、土壤污染日益严重，以高增长、高消耗、高污染、粗放型扩张和外延为主的社会经济发展模式难以为继。国家发展和改革委员会 2008 年初公布的资料显示，我国能源消费总量已经位居世界第二，约占世界能源消费总量的11%，人均煤炭、石油、天然气资源量分别仅为世界平均水平的60%、10%和5%，而每吨标准煤的产出效率仅相当于日本的10.3%、欧盟的16.8%，“高消耗、低效益、高排放”式的粗放型经济增长方式已经成为中国环境资源瓶颈约束的根本原因。实施可持续发展战略、发展循环经济、建设资源节约型和环境友好型社会，是实现转变经济增长方式、走新型工业化道路、从根本上缓解资源约束矛盾、减轻环境压力、增强国民经济整体素质和国际竞争力、实现全面建成小康社会目标的必然选择。实施可持续发展战略对我国能源发展提出了更高的要求。

如何以最低的环境代价确保能源被足够安全又有效地可持续利用，如何建立能源、环境、经济综合集成的可持续发展能源系统模型，已成为学术界和政府决策部门研究的重点和热点问题，也是人类社会在经济发展过程中所面临的重大课题。未来能源发展中，如何充分利用天然气、风电、水电等清洁能源，加快燃料电池等新能源与秸秆气化等可再生能源的开发，推广应用洁净煤技术，逐步降低用于终端消费煤炭的比重，实现经济利润、环境效益、资源效益和社会效益平衡的可持续发展，将是能源发展面临的重要选择。就世界能源现状来看，各个国家、地区和各个工业部门都在寻求能源资源消耗少、能源转化率高、总体排放少、对环境友好的能源系统。

随着我国进入全面建设小康社会的新的历史时期，农村经济发展也得到了前所未有的重视。实施可持续发展战略对于推进村镇经济发展具有极其重要的意义。如何将农村当地生物质资源充分利用起来，并转换为高品位的能源，以满足人民生活、生产对能源的需求，对农村生态环境的改善有着重大的现实意义。因此，中国村镇发展也需要将生态友好、经济发展和社会进步三个目标有机地融合，形成可持续的发展模式。面临能源和环境问题，近几年政府启动了一系列相关政策，如建设社会主义新农村，加快小城镇建设步伐，制定各地区的节能规范、《可再生能源法》、《清洁生产促进法》、《矿产资源法》、《节约能源法》等。党的十六届五中全会提出的“建设社会主义新农村的重大任务”及六中全会提出的“到2020年构建社会主义和谐社会九大目标和任务”，在大力建设农村社会经济的同时，更要注重农村生态建设及可持续性发展，体现了党和政府全力推动农村经济发展，同时保护资源与生态环境的政策和决心。

村镇能源可持续发展规划及关键技术课题的研究涵盖建筑、结构、能源、环境、社会、经济等多个领域，是以可持续的村镇发展和建设为目标的综合性、多学科交叉研究，通过选择若干个不同地区的村镇所进行的实证研究作为基础，提出能源可持续发展的村镇规划和建设模式，并对其中的关键技术进行深入的研究和应用。而村镇能源利用状况及能源系统建设一直是容易被忽视的内容，其复杂程度丝毫不低于城市。本研究关注村镇能源系统的建设，通过 LCA 方法研究不同能源系统对生态环境的影响，建立村镇能源系统的 LCA 评价体系及案例示范，试图将村镇能源系统可能带来的外部不经济性内部化，以便更科学合理地确定村镇能源发展规划的目标，得到可以对工程设计起指导作用的结论。本研究将对推进我国社会主义新农村建设和促进整个社会的节能减排都有实际的指导意义。本研究自 2003 年初提出至今共得到了以下几个重大项目的支持：

(1)国家“十五”重大科技专项——小城镇科技发展重大项目之《小城镇热力供给系统建设关键技术》，课题编号 2003BA808A15。

(2)国家高技术研究发展计划(863 计划)——村镇水质安全保障技术研究与示范之子课题《村镇能源的供应系统与建筑室内热环境控制及优化研究》，课题编号 2004AA601090-3。

(3)国家自然科学基金——《基于 LCA 的建筑物能量系统清单分析数据库的标准化及有效性研究》，课题编号 50578113。

(4)科技部“十一五”科技支撑计划课题——《典型村镇循环经济构建技术开发及应用研究》，课题编号 2006BAC02A03。

第二节　村镇的基本特征及范畴的界定

村镇属于社会学范畴。对村镇低成本能源系统进行评价研究，首先要明确“村镇”的概念。《新华词典》释义，村(或邨)的释义为农村居民聚居的地方，泛指人们聚居的地方，如村庄(village, hamlet)、村寨、度假村等。“借问酒家何处有，牧童遥指杏花村”(出自杜牧《清明》)和“村中闻有此人，咸来问讯”(出自陶潜《桃花源记》)都是指的乡下、农村(country)。古代在边境驻兵戍守称为镇，宋以后称县以下的小商业都市为镇(town)，现指中国县以下的行政区划单位和较大的集市，如城镇、村镇。

一、我国村镇的行政区划

居民点是由居住生活、生产、交通运输、公用设施和园林绿化等多种体系构成的一个复杂的综合体，是人们共同生活与经济活动而聚集的定居场所。也可以说，居民点是由建筑群(住宅建筑、公共建筑与生产建筑等)、道路网、绿地以及其他公用设施所组成的，建筑群、道路网、绿地等统称为居民点的物质要素。

各个国家的行政区划都有所区别，如美国是由 50 个州(state)和 1 个直辖特区(DC)组成，州以下设市(city & downtown)、县(county)、镇(town)、村(village)。我国的居民点依据它的政治、经济地位和人口规模及其特征分为城镇型居民点和乡村型居民点两大类。城镇型居民点分为城市(特大城市、大城市、中等城市、小城市)和城镇(县城镇、建制镇)。乡村型居民点分为乡村集镇(中心集镇、一般集镇)和村(中心村、基层村)。城镇与农村居民点的主要区别是，城镇集中了大量的非农业人口——从事工业与第三产业的人口，它是一定地域范围内的中心——政治、经济、科技、文化、信息、交通等的中心，它又是多种建筑群体组成的物质设施的综合体。建制镇是农村一定区域内政治、经济、文化和生活服务的中心。国务院民政部关于设镇的规定如下:①凡县级地方国家机关所在地,均应设置镇的建制。②总人口在2万以下的乡、乡政府驻地非农业人口超过2 000人的,可以建镇;总人口在2万以下的乡、乡政府驻地非农业人口占全乡人口10%以上的也可以建镇。③少数民族地区人口稀少的边远地区、山区和小型工矿区、小港口、风景旅游区、边境口岸等地,非农业人口虽不足2 000人,如确有必要,也可设置镇的建制。集镇,大多是乡政府所在地,或居于若干中心村的中心。集镇是农村中工农结合、城乡结合、有利生产、方便生活的社会和生产活动中心。集镇是今后我国农村城市化的重点。中心村,一般是村民委员会的所在地,是农村中从事农业、家庭副业的生产活动的较大居民点,有为本村和附近基层村服务的一些生活福利设施,如商店、医疗站、小学等。人口规模一般在1 000~2 000人。基层村,也就是自然村,是农村中从事农业的家庭副业生产活动的最基本的居民点,一般只有简单的生活福利设施甚至没有。在我国一些地区,如上海市郊、县,江苏省的苏、锡、常地区,广东省的珠江三角洲地区,已经开始实施若干基层村合并建设一个中心村,以加快农村城市化的进程。

二、村镇的基本特点

村镇是社会生产力发展到一定历史阶段的产物,相对城市而言,它有以下基本特点:①区域特点。由于各地区社会生产力发展的水平不同,也就是区域经济发展水平不同,村镇分布呈明显的区域特点。至1996年,全国共有乡镇数为45 484个,平均每211平方千米国土面积一个乡镇;全国共有740 128个村,平均每12.97平方千米有一个村。再由于区域地理的差别,如土地、气候等自然因素存在明显的地区差异,也决定了村镇在规模分布、平面布局以及建筑形式、材料、构造等方面有其独特的特点,如平原与山区、南方与北方、严寒地区与夏热冬冷地区,村镇表现出强烈的区域特点。②经济特点。与城市相比,村镇农业经济所占比重较大,必须充分适应组织与发展农、牧、副、渔业生产的要求。农业生产的整个过程目前主要是在村镇外围土地上进行,村镇用地与农业用地交叉穿插,这是由村镇的经济特点所决定的。③基础设施特点。我国村镇规模较小，布局分散，又普遍基础设施不足。虽然近年来由于经济发展一些村镇的面貌发生了根本变化，但对于大多数村镇来说，还普遍存在着道路系统分工不清、给水设施不齐全、公共设施标准较低等问题，总体来看发展较为滞后。

三、村镇规划及发展趋势

农村城镇化是现代化的重要标志；大力发展村镇是现代化建设的重大战略任务；村镇规划是新世纪现代化建设的重要任务。在党的改革开放政策指导下，我国的社会主义建设取得了巨大的成就。尤其在中国农村，社会的进步、经济的发展，加速了村镇发展建设的步伐。但同时我们也要清醒地看到村镇规划设计工作实践中遇到的各类问题，这些问题应当引起有关部门和规划技术界的高度重视。例如村镇规划理论体系没有形成，村镇规划技术规范、标准缺乏，村镇规划标准尚应进行补充完善等。村镇规划目前只有一个国家标准，即《村镇规划标准》(GB50188-93)(《镇规划标准》(GB50188-2007)对之进行了修编)，于 1994 年 6 月 1 日开始实施，虽然公用设施规划包括了给水工程规划、排水工程规划、供电工程规划、邮电工程规划、村镇防洪规划，但是仍然不全面，应该充实能源规划、环卫规划、环境保护、供热规划等方面的内容。广义的能源规划包括可再生能源规划、企业能源规划、区域能源规划、城市能源规划等。

村镇是社会生产力发展到一定阶段的产物。从世界范围看，村镇这个特定的社会经济区域一般可分为原始型村镇、古代型村镇、近代型村镇和未来型村镇四个历史阶段。中国大多数村镇目前正处于近代型向现代型过渡的阶段。由于村镇具有历史的、动态的特征，以及其发展受当地经济发展水平、自然条件、文化观念、习俗、地域景观等多种因素的影响，处于世界范围内不同地域的村镇具有不同的发展模式与发展形态。但着眼于未来，坚持走可持续发展之路是村镇发展的必然选择。就村镇而言，“可持续发展”是指在村镇地域范围内实现一个以人的生存与发展为主导，以自然环境系统的良性循环和空间优化布局为依托，以经济发展为命脉，以社会体制为经络，以经济、社会、环境相协调为目标的动态发展过程。

四、"村镇"范畴的界定

目前，"村镇"和"小城镇"的概念有部分交叉，或"村镇"包含"小城镇"的"镇"，或"小城镇"包含"村镇"的"镇"，或互不包含，各自独立①。县城已具有小城市的大多数基本特征，因此"村镇"包含了建制镇、集镇（一般镇、中心镇）和村庄（中心村、基层村）。本研究所涉及的"村镇"范畴是具有一定规模（主要指人口规模和用地规模）、主要由农业人口构成的，并位于乡村腹地，且具有特定的经济、社会和自然景观特点的地域综合体，以基层村、中心村、一般集镇为主，涉及个别中心镇、建制镇及其所辖的周围空间。它既类同于乡村，但又有别于传统意义上的乡村。它处于乡村地域，基本上具有乡村的一切特征，但其中的部分村镇在社会文化、经济结构及景观生态等方面的发展形态已经完全不同于传统意义上的乡村，除了村镇居民仍是以农民身份参与社会经济活动外，其他方面与城镇并无差异，是中国未来农村的缩影②。

村镇体系包含的最大单元是建制镇，最小聚落是自然村。村镇在工业化、后工业化的冲击下，也必然向农业机械化、现代化发展，使土地、自然资源和社会资源的开发利用从粗放型向集约型转化。这种转化的结果促使乡村地区也形成了产供销一体化，一、二、三产业并存的经济结构。但乡村的一、二、三产业，始终以农林牧渔及其加工为主，这与城市生产以工业为主的结构可形成鲜明的对比。无论社会如何发展，乡村的产业结构、自然环境等因素总是与城市存在着明显的差别。乡村是城市发展的基础，没有了乡村，城市也就不复存在了。

城市聚落的特点是集中，其经济活动的特点是集中带来高效益。因此，城镇体系规划研究的重点是"集中"，乡村聚落的特点是分散，其经济活动是由土地资源决定的自然分散状态，村镇体系规划中应研究在这种自然分散

---

① 孙正权.2000."村镇"的"镇"和"小城镇"的概念如何界定[J].农村改革与发展，4:38.

② 夏显力.2005.村镇可持续发展的理性思考[J].科技导报(北京)，23(10):62－64.

状态下村镇的发展规律。城市的土地基本是公有制，村镇的土地主要为集体所有，村庄世代相传的宅基地，是集体所有制下的个人长期无偿占有制。所有这些城乡之间的差别，确定了城镇体系与村镇体系的迥然不同及进行村镇体系规划的必要性[①]。

第三节　村镇能源系统评价方法综述

人类对能源利用的历史，也就是人类认识和征服自然的历史。在能源的利用史上，就其划时代的革命性转折而言，主要有三大转折：第一次是煤炭取代木材等成为主要能源。第二次是石油取代煤炭而居主导地位。第三次是目前正在出现的向多能结构的过渡，这一转换现在还没有完成，但在努力实现过程之中。能源技术是各类能源的加工、转换技术。能源加工、转换是能源系统流程中的中间环节。能源具有由一种能量形式转换为另一种能量形式的特点。为了经济合理地使用能源，提高能源使用价值和利用效率，通过能源加工、转换生产出适合生产和生活需要的能源产品，是人类社会不断发展进步的重要标志。

一、能源的分类

能源是人类赖以生存的物质，是发展生产、改善人民生活的物质基础。人类文明的一切都离不开能源。世界各国对能源的分类方法很多，主要有以下几种：①按能量的原始来源划分：一是来自地球以外天体的能量，其中最主要的是太阳辐射能。二是来自地球自身的能量。一种是以热能形式储藏于地球内部的热能和重力能，包括火山、地震、地下蒸汽、热岩层、地下热水等；另一种是海洋和地壳中储藏的核燃料所包含的原子能。三是来自地球及其他天体的相互作用所产生的能量，如地球—月亮—太阳系统由于相

① 高文杰，连志巧.2000.村镇体系规划[J].小城镇规划，24(2)：30－32.

互引力的作用,使海水涨落所形成的潮汐能。②按能源的成因划分:一次能源(或天然能源)和二次能源(或人工能源)。③按能源的储存和输送性质划分:含能体能源和过程性能源。④按能源使用性质划分:燃料性能源和非燃料性能源。⑤按能源的形成和再生性划分:可再生能源和非再生性能源。⑥按能源的技术开发程度划分:常规能源和新能源。⑦按能源的实物形态划分:固体能源、液体能源和气体能源。⑧按能源的商品性划分:商品能源和非商品能源。⑨按能源对环境的污染程度划分:清洁能源和非清洁能源。⑩按能源载体同地球构成关系划分:地壳能源和地壳外能源。这些分类方法是相对的而不是绝对的,且相互之间有一定的交叉关系。

二、能源系统的构成

系统大致可分为三类:自然系统、人造系统、自然系统与人造系统的复合系统。自然系统由各种自然界中本来就存在的物体构成,并依其固有的客观规律运动进行演变。人造系统则由人类创造或改造的物体、设施、工程等组成,如供热系统、输电系统等。随着人类活动领域的扩大和科学技术的发展,许多自然系统被局部改造为人造系统,从而成为复合系统(compound system)。

能源系统的物理概念是:包含能源的材料或设备,作为其内在的属性,或者是一种投入。由煤炭、石油、天然气、水力、核能及生物质能等构成的一次能源,从资源开发、运输、加工、转换、分配直至最终使用的各个环节所组成的系统,就是一个能源系统。能源系统作为整个国民经济的一个子系统,与自然环境、技术水平、社会经济活动、生态系统都有极其密切的联系。在能源经济学上,能源系统是指能够满足能源需求的技术和经济结构。能源系统不但涉及各种自然的能源资源(例如原油、原煤、生物质能、太阳能等),还包括了大量的人类活动(能源勘探、开采、加工、转换、运输和使用)以及这些活动对自然环境的影响、污染与破坏,是典型的复合系统。能源系统的分类方法很多,主要有下列几种:第一种是按能源系统的范围划分,如世界能源系统、跨国能源系统、全国能源系统、地区能源系统、部门能源系统、工矿企业能源系统、车间(工序)能源系统等。按这样的层次结构,下一级系统是上一级能源系统的子系统。第二种是按能源的种类划分,如煤炭系统、石油系统、天然气系统、太阳能系统、核能系统、新能源系统等一次能源系统;电能系统、热能系统、煤气系统、秸秆气化系统、沼气系统等各种二次能源系统。第三种是按使用目的划分,如能源供应系统(如电供应系统、沼气供应系统等)和能源利用系统(如钢铁厂能源系统、生活供热系统等)。

三、村镇能源的研究现状

目前,对村镇能源体系的研究领域可从两个方面进行探讨。

第一,从研究对象和范围出发。①以能源供需预测模型和政策研究为主的战略层面研究[①②]。②对单个能源环节的项目设计或技术开发。例如对日光温室结构参数的优化设计[③],包括跨度、后墙高、后坡仰角、透明屋面设计采光角、日光温室透明屋面在水平面上的投影宽度、温室高度及棚面形状几何尺寸的优化设计等。③限于某一区域某一村镇或某一技术的研究[④⑤]。如以恩施农村沼气能源开发与推广为研究对象,对农村沼气能源开发的生产技术水平、投入水平、政府引导与后续服务管理水平、收益水平、存在的主要障碍、进一步推广的有利条件及策略进行了系统的调查与分析研究[⑥];对秸秆气化系统的试验现象的研究,改进气化系统的结构的研究,通过改变鼓风机转速即气化剂流量,定量研究鼓风机转速对可燃气品质的影响规律[⑦]。④单个项目开发或建筑节能技术应用研究。如结合地域气候特点和建筑热

---

① 杨波.1999. 我国区域农村能源需求预测理论及实证研究——以重庆农村能源需求预测为例[D]. 重庆大学硕士论文, 3.

② 张丽娜.2006. 重庆市农村能源供需分析及其政策研究[D].重庆大学硕士论文, 4.

③ 武敬岩, 刘荣厚. 2008.日光温室结构参数的优化设计——以北方农村能源生态模式为例[J]. 农机化研究, 2(2):80—83.

④ 王志锋.2007. 陇中黄土丘陵地区农村生活能源潜力估算及消费结构分析[D].兰州大学硕士论文,5.

⑤ 翟高粤.2004. 基于系统动力学方法的农村可再生能源开发动态模拟——以江苏如皋为例[D]. 南京农业大学硕士论文,6.

⑥ 周光龙.2006. 恩施农村沼气能源开发与推广探讨[D].华中农业大学硕士论文,11.

⑦ 李发权.2006. 固定床秸秆气化系统的设计与性能试验研究[D]. 石河子大学硕士论文,5.

微环境探讨设计舒适、节能、具有地域特色村镇居住建筑的方法[①]。

第二,从评价体系角度出发。①基于某一角度或某一层面的评价研究。如从社会学角度出发对农村可再生能源项目社会影响评价的基本方法和原则的探讨和研究[②]。②从环境、经济综合效益的角度出发的评价研究[③]。能源系统是涉及政治、经济、社会、环境、气候等多领域的复杂系统。因为复杂系统的整体具有子系统不具备的性质,将系统进行分解后,系统整体的性质往往在子系统层次上得不到体现,所以即使将子系统分析得再清楚也无法解释整个系统的总体行为,因此,仅考虑能源经济、环境或技术等某一问题的模型存在着很大的局限性,综合考虑能源利用对经济、社会、环境、气候的影响,即建立能源—经济—社会—环境—气候综合集成模型,将是未来能源复杂系统分析与建模的发展趋势[④]。倪维斗院士从多联产的思路出发提出了资源、能源、环境一体化系统模型,该系统的核心是将热电冷和化工产品的生产过程在多联产系统进行有机耦合和集成,从而调节了多种产品尤其是发电之间的峰谷差,使整个系统物料流、能量流、信息流以及多目标达到最优化。因此,村镇低成本能源系统也要从整个体系包括社会、环境、经济等环节考虑最优化目标。③基于 LCA 的能源系统评价方法。如意大利一座风电场的能量特点和寿命周期评价[⑤],评价一座风电场发电量和环境特性,把同风电场建设和运行各个阶段有关的影响与其使用寿命期内“绿色”发电产生的环境效益做比较,跟踪每度电的经济性,即分析发电量和输出电量、原材料、组件制造、运输、安装、维护、拆卸和处理等问题,但研究重点是通常被忽视或未做充分研究的那些寿命周期问题,如安装、土建和维护,未

---

① 韦佳. 2006. 苏南村镇集住区建筑热微环境研究[D]. 东南大学硕士学位论文, 6.

② 张艳丽.2002. 农村可再生能源项目的社会影响评价研究——以“三位一体”模式项目为例[D]. 中国农业大学硕士学位论文,5.

③ 吴卫明.2006. 户用沼气对农村家庭能源消费影响及其效益评价——以安徽省贵池区为例[D]. 南京农业大学硕士论文, 6.

④ 魏一鸣等.2005.能源—经济—环境复杂系统建模与应用进展[J].管理学报,2(2):159—170.

⑤ Ardente F.,Beccali M.,Cellura M.,et al.2008. Energy performances and life cycle assessment of an Italian wind farm[J]. Renewable and Sustainable Energy Reviews,12(1):200—217.

考虑能源资源的上游高阶消耗部分。然而利用LCA方法学在考察能源消耗和环境影响同装置寿命周期有关系时，可以全面评价这些装置和整个系统。

总之，目前对村镇能源可持续发展与规划缺少跨区域研究和着眼于研究整个能源供应系统的典范，虽然国内已有很多有关能源—经济—环境(3E)系统的研究，研究结果一般也都是定性的、宏观的，缺少基于LCA方法学的村镇能源系统的定量评价体系的探索。从复杂系统的角度研究整个村镇能源系统，目前国内外研究还比较少，仅局限在能源系统的某一个环节，或某一个层次。目前急需解决的难题就是从理论和实证的角度出发，给出定性问题定量化的解决途径，为政府政策的提出和农村发展方向的确定提供牢固的理论基础和数据支撑。解决农村能源必须立足于当地，立足于开发生物质能及其他新能源，如沼气、薪炭林、太阳能、风能等可再生能源，只有开源节流同时并举才是解决目前能源紧缺的唯一正确途径[①]。

四、能源指标体系国内外研究进展

指标体系的研究涵盖社会、经济、管理、教育、建筑、规划等各个领域，如政府绩效指标体系、可持续发展指标体系、循环经济指标体系、绿色建筑指标体系等，或者针对不同地域范围的指标体系，如国家经济压力指标体系、城市生态系统指标体系、区域经济发展指标体系等。

从当前世界各国能源指标体系的发展状况看，发达国家能源指标体系建立比较早，它们对能源系统进行了比较深入的研究，并注重能源统计工作的实施和推广，已形成了较为完备的指标体系和资料搜集体系。而大多数发展中国家，由于经济发展水平和国民生活质量与发达国家差距较大，因而对能源与环境的重视程度与发达国家有一定的差距。同时，由于统计工作基础薄弱，研究投入匮乏，许多发展中国家在国家能源统计指标体系的编制

① 李卫红.2001.建筑节能技术在村镇住宅建筑中的应用研究[D].天津大学硕士学位论文，1.

方面几乎还是空白。进入 20 世纪 90 年代以后，联合国有关组织及一些发达国家开始关注发展中国家的能源使用和统计问题，并提供资金、技术援助和经验，帮助发展中国家开展能源统计与自然资源核算工作，取得了一些积极的成果①。例如，国际能源署(IEA)作为世界能源权威机构从 1974 年就开始掌握大量丰富的能源信息，开展了能源指标体系的工作，内容如表 1.1 所示。

表 1.1　IEA 能源统计指标

分　类	主要内容
一次能源供应	原油:生产量、出口量、进口量 天然气:生产量、出口量、进口量 煤炭:生产量、出口量、进口量 核能:生产量、出口量、进口量 水力:生产量、出口量、进口量
能源转换	油制品:LPG、汽油、航空油、柴油、燃料油 发电:交通、工业、其他
能源消费	按能源品种:电、煤、油、天然气、可再生能源、其他 按消费分类:交通、工业、其他
能源价格	一次能源价格:原油、煤、天然气 二次能源价格:成品油、重油、柴油、汽油、轻油、电力
环境保护	CO_2总排放量 CO_2排放量中油、气、煤所占比例
能源消费指标	人口、GDP 能源生产量、能源进口量、一次能源总供应量、用电量 人均一次能源供应量、单位 GDP 能源消费量、人均用电量 CO_2排放量、单位能源消费碳排量、人均碳排量、单位 GDP 碳排量

由于发达国家能源统计建立比较早，已形成了较为完善的指标体系。除了对能源生产、能源转换、能源消费、能源价格、环境保护等方面形成了较全面的指标体系，还对建筑节能、单位能耗等单项指标有了一定的深入研究。

1979 年我国开始重视节能工作后，提出一套完整且适应我国国情的能

① 刘卫星.2002.上海市能源统计指标体系设计与研究[D].上海交通大学硕士论文，6.

源统计指标体系，是当时迫切需要解决的重要问题。为此，我国制定了一系列关于能源统计的国家标准，为建立能源统计指标体系打下了基础。1987年，国家统计局工业交通物资司组织辽宁、湖北、北京、上海等省市统计局以及国家计委、经委、各工业部编写了《能源统计工作手册》。在该手册中，首次系统地提出了我国能源统计指标体系，并对每个指标作了详细说明。

我国对可持续发展指标体系也开展了广泛的研究与讨论，并提出了一些可持续发展指标体系的框架设想，探索或建构了国家级指标体系，省级指标体系，地方和部门的指标体系，特殊空间如流域的、山区的评价指标体系等，取得了可喜的成果①。中国国家环保总局还建立了环境保护模范城市指标体系，包括社会经济指标（5个）、环境质量指标（8个）、环境建设指标（7个）和环境管理指标（3个）。每个指标设立一个参照值，这些值基本是国家平均水平，个别是原有政策的规定值或研究成果的理论值。其中指出了能源规划的环境影响类别，强调能源规划涉及能源消费总量与结构、使用与转换效率、能源安全等，提出的能源规划环境影响因子包括：①自然环境因子，包括土地、生物等资源，水环境、空气环境、海洋环境，生态环境；②社会因子，包括移民、人体健康、休闲、文化遗产；③经济因子，包括人力资本、产品与产业结构、农业生产。但是，对村镇能源系统的指标体系，尤其是集社会—经济—环境综合考虑的指标体系的构建，目前还处于空缺状态。

中国科学院按照可持续发展的系统学方向，独立设计了一套“五级叠加，逐层收敛，规范权重，统一排序”的可持续发展的指标体系，依据人口、资源、经济、技术、管理相协调的基本原理，对有关要素进行分析，把可持续发展指标体系分为总体层、系统层、状态层、变量层和要素层五个层次。总体层表达可持续发展的总体能力，代表战略实施的总体态势和总体效果。系

① 兰国良.2004. 可持续发展指标体系建构及其应用研究[D].天津大学博士论文，5.

统层依据可持续发展的理论体系，将内部的逻辑关系和函数关系分别表达为生存支持系统、发展支持系统、环境支持系统、社会支持系统、智力支持系统。状态层，指在每个系统中，能够代表系统行为的关系结构，在某时刻的起点表现为静态，随时间的变化，呈现动态的发展。变量层采用可测的、可比的、可获取的指标和指标群，对变量层的数量表现、强度、速率给予直接的度量。报告采用了249个指标，对47个指数进行定量的描述，构成指标体系的最基本的要素。这一指标体系是一个复合的、庞大的、具有理念的结构，是以系统、科学的理论和方法构建的体系，对构建村镇低成本能源系统的指标体系具有重大的借鉴意义。

五、村镇能源利用模式及可再生能源发展应用概况

目前，对村镇能源发展模式的研究主要集中在以下几个方面：①太阳能综合利用。包括被动式太阳房、太阳能热水器和太阳能发电系统。②秸秆气化工程。③大中型沼气工程。主要研究内容为计算大型沼气工程的产气量及沼气能源的合理利用研究，以沼气为纽带的生态循环温室的规模匹配关系及提高沼气冬季产气率的技术措施等[①]。④生物质发电装机。⑤北方“四位一体”农村能源模式及效益。“四位一体”农村能源模式是中国北方农业科技工作者和农民长期实践过程中创造出来的一种新形态的农村能源生态模式。它是以沼气为纽带，由蔬菜日光温室、太阳能畜禽舍、沼气池、厕所组成的。它实现了产气与积肥同步，种植与养殖并举；建立了一个生物种群多样、物流循环畅通、能量转化效益高的农业生态系统工程。此外，还包括“五配套”生态果园工程模式，“猪—沼—果”、“草—牧—沼—果”农业生态模式，“五位一体”生态农业模式，“猪—沼—酒”庭院生态模式，“三位一体”沼气综合利用模式等。

可再生能源和新能源是相对于常规化石能源而言的另一类能源，是能

① 杨琳.2004.“生态循环温室”能源综合利用的可行性分析[D].同济大学硕士论文，3.

源结构的一个重要组成部分。节能对缓解我国能源紧张状况的作用举足轻重,此外,充分开发现有能源以及替代和补充能源是解决我国能源短缺问题的另一有效途径。新型能源和可再生能源将成为我国能源开源的突破口。从长远来看,以化石能源为主要能源的经济已无法可持续发展,人们必须及早进行能源消费结构的转型,发展包括太阳能、风能、生物质能、地热能、小水电、海洋能等可再生能源,发展核能和开发利用氢能及燃料电池,大力推行节能降耗技术,利用能源多元化和开源节流多种措施,实现能源的可持续发展,已成为全球的共识。目前,我国能源加工、转换主要有以下几种方式:原煤洗选加工,煤的焦化、气化和液化,原油炼制,固体生物质气化,发电和供热等。目前,我国农村可以利用的可再生能源技术有沼气技术、秸秆气化技术、太阳能集热技术、太阳能发电技术、地源热泵技术、小水电技术、风力发电技术等。

表 1.2 显示①,世界和中国都有十分丰富的可再生能源资源,但目前开发程度较低,发展潜力巨大。表 1.3 展示了五种可再生能源的开发利用成本及其变化趋势。风电、地热发电的成本已接近 1999 年美国平均电价 6.7 美分/千瓦时。

2004 年全球用于可再生资源的投资达到 300 亿美元,占能源领域总投资的 20%～25%,太阳能成为发展最快的能源技术。由于政府支持和私人投资的增加,可再生资源的投资会大幅增加。受政策的推动,过去几年内可再生资源的投资蓬勃发展,世界范围内至少 48 个国家出台了鼓励可再生资源发展的政策,其中包括 14 个发展中国家。大多数国家制定的政策目标是:到 2012 年,即关于减少温室气体排放的《京都议定书》的一期计划结束时,可再生资源发电占国家总电力生产的 5%～30%。中国的目标是:到 2020 年,可再生资源发电占电网发电的 10%,紧随德国、美国、西班牙和日本,达到国际先进水平。

---

① 郭祥冰.2001.世界可再生能源发展概况和我国发展目标[J].福建能源开发与节约,(3):6—9,27.

表 1.2　　世界和中国可再生能源资源

	世界	中国
太阳能	到达地面的功率密度为1 000 瓦/平方米	2/3 国土太阳能年总辐射量大于 0.6 兆焦/平方米
生物质能(亿吨标准煤)可开发资源	65	7
水能(万亿千瓦时)		
理论蕴藏量	39.78	5.93
技术可开发资源	13.94	2.22
经济可开发资源	6.96	1.27
风能(亿千瓦)		
技术可开发资源	98	2.5
地热(亿吨标准煤)		
总资源量	1 400	110
技术可开发资源	500	
经济可开发资源	5	
潮汐能(亿千瓦)		
理论资源量	30	
技术可开发资源		0.22
波浪能(亿千瓦)		
理论资源量	30	
技术可开发资源		0.17
温差能(亿千瓦)		
理论资源量	400	
技术可开发资源		1.5

资料来源:中国能源研究会.2001.能源政策研究[M]. 中国能源研究会,1.

表 1.3　　可再生能源的开发利用成本

	目前平均成本	说　明
风电	4.5～6.5 美分/kWh	1985～1995 年下降 80%
生物质能		
发电	7.5～8.5 美分/kWh	25MW 蒸汽循环
制乙醇	1 美元/加仑	巴西 80 年代以来下降 70%
光伏系统(辐射量 kWh/m^2)		造价 5～7 美元/峰瓦;1970 年以来下降 98%;1980 年以来下降 80%;1990 年以来下降 50%
500	20～30 美分/kWh	
1 500	30～50 美分/kWh	
1 000	50～70 美分/kWh	
太阳能热发电	8～15 美分/kWh	高辐射地区,抛物面槽形集热器
地热发电	4～8 美分/kWh	不同地热田相差很大

太阳能是指太阳所负载的能量，它的计量一般以阳光照射到地面的辐射总量，包括太阳的直接辐射和天空散射辐射的总和。我国的太阳能辐射总量为 $3.3\times10^{6}\sim8.4\times10^{6}$ kJ/(m^{2} · a)①。目前，太阳能利用技术主要有太阳能热电技术、太阳能热水技术、太阳能光伏技术三大技术。其中，太阳能光伏技术是近年来发展最快、最有活力的研发领域。针对太阳能发电业的瓶颈技术之一太阳能电池，目前主要研究工作集中在新材料、新工艺、新设计等方面，目的是为了提高电池转换效率和降低电池制造成本，其作用也将逐步由作为农村和边远地区的补充能源，向全社会的替代能源过渡。

风能是指风所负载的能量，风能的大小取决于风速和空气的密度。我国北方地区和东南沿海地区一些岛屿，风能资源丰富。世界上最大的风力场位于美国加利福尼亚州，年发电量约221 108千瓦时。随着风机单机容量的增加和电站建设成本的下降，风力场建设投资已降至1 000美元/千瓦，低于核电投资且建设时间可少于一年，其成本与煤电成本接近。技术研发方向：大型风力发电机组是风电系统的关键设备，也是研究的热点，初投资占总投资的 80%以上。很多国家为此进行了大量投资，就风轮机的材料、结构、发电机控制技术、功率容量以及可靠性等展开研究，并取得了长足的技术进步。美国国家可再生能源实验室(NREL)关于风力发电机组高级结构技术项目的研究结果，展示了现代大型风力发电机组驱动链结构形式(机械传输系统)可以有五种：基本驱动链结构、集成基本驱动链结构、单永磁电机结构、直接驱动结构、多电机结构。风电机组的发展方向是超大容量、智能化、高稳定性和可靠性。

生物质能一直是人类赖以生存的重要能源之一，在全球能源消费中占15%，仅次于煤炭、石油、天然气，居世界能源消费总量的第四位。生物质能包括自然界可用作能源用途的各种植物、人畜排泄物以及城乡有机废物转化成的能源，如柴薪、沼气、生物柴油、燃料乙醇、林业加工废弃物、农作物秸

---

① 王荣光，沈天行.2004.可再生能源利用与建筑节能[M].机械工业出版社，1.

秆、城市有机垃圾、工农业有机废水和其他野生植物等。目前，生物质能技术的研发已成为世界重大热门课题之一，沼气技术、生物质热裂解气化、生物质液体燃料等主要技术项目均受到世界各国政府与科学家的关注，如德国、法国、巴西等国家对生物柴油和酒精等动力液体燃料的研发，这对于解决交通能源十分重要。有关专家估计，到 21 世纪中叶，采用新技术生产的各种替代燃料将占全球总能耗的 40%以上。德国的沼气技术较高，是世界沼气工程密度最高的地区之一，到 2000 年拥有 800 个平均达到装机 60kW 发电装置，以及 600m^3 消化装置的农业沼气工程，总装机功率约 48MW。我国秸秆等农业废弃物、柴薪和有机垃圾等生物质能源总量近 7 亿吨标准煤。

我国能源专家对 21 世纪上半叶我国植物生物质能源的发展进行了三个阶段的科学预测：第一阶段（2001～2010 年），植物生物质能源的生产能基本得到满足，基本解决我国农村生活用能，生态环境的破坏能得到有效的控制，基本遏制因直接燃烧植物生物质和废弃植物生物质而引起的生态环境恶化的趋势。第二阶段（2011～2030 年），我国农村植物生物质能源综合建设达到社会化，农用植物生物质能方式多维、多元化，生产、生活用能得到满足，植物生物质绿色能源转化技术得到普遍推广和应用，我国生态环境建设开始走上良性循环的轨道。第三阶段（2031～2050 年），建立起我国多能互补、结构合理、安全可靠的植物生物质能源生产供应体系，并形成规模。基本建立起适应可持续发展的良性循环的生态环境系统工程，增强我国植物生物质能源综合建设的可持续发展能力。我国著名科学家中科院院士朱清时教授提出，目前我国能源战略迫切需要研究用非粮食类生物质作原料生产液体类、气体类燃料，开发出拥有自主知识产权和具有推广价值的实用技术，保障我国植物生物质能源的安全开发利用和经济昌盛繁荣。生物质能已成为能源和环境领域研究的新热点，研究方向可以概括为四点①：①生物质能开发利用潜力；②生物质能利用对生态环境的影响；③生物质能开发利

① 周中仁，吴文良．2005．生物质能研究现状及展望[J]．农业工程学报，21(12)：12－15．

用技术研究;④生物质能开发利用可行性分析及其发展前景。生物质能尽管发展空间巨大,但是如果对其涉及的问题认识不深刻,将影响生物质能的发展步伐。在生物质能开发过程中需要解决的问题总结起来,可以概括为以下几个方面:技术开发力度,政策扶持、法律保证、资金支持,开发模式和可持续性评价。据统计,目前全国农村已经有用户沼气池1 300多万口,年产沼气约 33 亿立方米;大中型沼气工程2 200多处,年产沼气量约 12 亿立方米;沼气综合利用的农户达到 400 多万户,以沼气为纽带的北方生态模式(如"四位一体")已达到21 万户,南方生态模式(如"猪—沼—果")已达 80 万户。生物质发电装机容量 200 多万千瓦,主要是蔗渣、稻壳等农业废物,林业废物,沼气和垃圾发电等。

地热能的蕴藏量相当于地球煤炭储量热能的 1.7 亿倍,可供人类消耗几百亿年。根据测算,全球潜在地热资源总量相当于每年 493 亿吨标准煤。地热发电的相关技术已经基本成熟,进入了商业化应用阶段。目前,全世界地热发电站约有 300 座,总装机容量接近1 000万千瓦,分布在 20 多个国家,其中美国占 40%。美国拥有世界上最大的盖塞斯地热发电站,装机容量达 208 万千瓦。当前营运的地热电站主要采用水蒸汽发电或双循环发电方式,全流发电和干热岩体发电等形式正在研究开发中。地热发电设备的主要形式有两种:一是便于安装和移动的3 000～5 000千瓦小功率积木式机组,二是为了利用量大面广的 85～130℃的地热水而开发的低沸点有机工质朗肯循环机组。此外,热泵技术、防腐技术、去垢技术及其相关材料,也正处于积极开发或完善阶段。

2020 年后,全球海洋能源的利用率将是目前的数百倍。海洋被称为未来的"能量之源"。1979 年在夏威夷岛西部沿岸海域建成了一座称为 MINI-OTCE 的温差发电装置,其额定功率 50 千瓦,净出力 18.5 千瓦,这是世界上首次从海洋温差能获得具有实用意义的电力。

根据有关组织的统计,迄今为止,世界上有 24 个国家的 90%电力来自水电,有 1/3 的国家的水电比重超过一半。目前,美国实际水电发电量占总发电量的8%,发电能力占总发电能力的11%。在美国可再生能源中,水电占85% ,目前水力发电在实际利用的可再生能源中占75%。小水电能解决偏僻地区能源问题,利用小河流发展小型水电能使美国小水电装机翻一番。2005年,用于水电研发的联邦预算占整个能源效益的1.6%[①]。

总之,我国可再生能源发展具有潜在市场巨大、资源基础雄厚、产业发展粗具规模的特点,发展应用前景广阔。

第四节　生命周期评价综述

一、LCA评价方法的确定

通常环境管理手段大致可分为三个具有代表性的阶段,即排放管理、过程管理和产品管理[②]。排放管理对于控制局地的工业点源污染是有效的,但这一方法对解决全球性、区域性问题却显得无能为力。过程管理(清洁生产)是环境管理方式的一大进步,已经从被动的末端治理,转为积极的污染预防,是20世纪80年代全球环境污染排放增长减缓的重要手段,但它主要关注于产品的生产过程,而没有考虑与产品相关的其他环节,如产品的使用、用后处理等,也没有将节约资源和降低能耗作为管理的焦点,无法满足可持续发展模式的要求。如果从产品系统的角度看以往的环境管理,焦点常常局限于原材料生产、产品制造和废物处理三个环节,而忽视了资源开采、产品使用阶段,仅仅控制某种生产过程中的排放物已很难减少产品所带来的实际环境影响。而且传统的建设项目环境影响评价也是仅局限于对单个开发建设项目、区域开发以及发展规划的环境影响进行评价,重点在建设和使用过程中排放的各种污染物定性、定量评价和提出治理措施,忽略了资源消耗及能源消耗的影响。逐渐从末端治理与过程控制转向以产品为核心

① 王俊鸣. 2006.美国:三箭齐发开发可再生能源[J].浙江能源,(1):8—11.

② 杨建新. 1999. 面向产品的环境管理工具:产品生命周期评价[J].环境科学,20(1):100—103.

的全过程管理是可持续发展的必然要求。在产业界、政府和消费者三种驱动力的共同作用下逐渐形成了一种面向产品的环境管理工具——生命周期评价。生命周期评价(Life Cycle Assessment,LCA)作为一个全新的面向产品全过程的环境系统分析工具,通过对产品系统或服务系统整个生命周期对区域环境及全球影响进行评价,从而寻找改进的途径和方法,在经济健康发展的同时兼顾环境的可持续发展。LCA 在建筑领域中的应用有待深入研究。一个有效评价能为政府决策提供科学依据,辅助进行合理的规划与设计,促进绿色工艺的推广,引导资金的投向。LCA 方法理应成为今后城市建设中一个有力的决策工具。

因此,本研究确定在环境影响定量分析阶段以 LCA 为评价方法,对能源方案组合进行综合分析。对生命周期评价贡献最大的两个国际组织是国际环境毒理学和化学学会(SETAC)及国际标准化组织(ISO),SETAC 对 LCA 的定义及三角形框架和 ISO 对 LCA 的定义及矩形框架是目前最具代表性的 LCA 方法论。

二、SETAC 的 LCA 概念框架

SETAC(1991,1992 和 1993)提出的 LCA 方法论框架,将 LCA 的基本结构归纳为四个有机联系的部分(见图 1.1):目标定义和范围界定(goal define and scoping)、清单分析(inventory analysis)、影响评价(impact assessment)和改善评价(improvement assessment)。

(1)目标定义和范围界定:这是 LCA 的第一步,它直接影响到整个评价工作程序和最终的研究结论。目标定义即清楚地说明开展此项 LCA 的目的、原因和研究结果可能应用的领域。研究范围界定应保证能满足研究目的,包括定义所研究的系统,确定系统边界、功能单位、数据要求,指出环境影响类型、主要假设、限制条件及结果评价类型等。

(2)清单分析:对一种产品、工艺和活动在其整个生命周期内的能量与原材料需要量,以及对环境的排放(包括“三废”及其他环境释放物)进行以

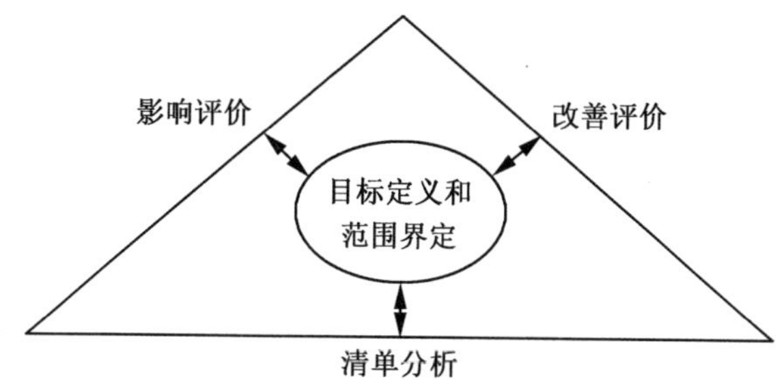

图 1.1 SETAC 生命周期评价技术框架

数据为基础的客观量化过程。生命周期清单分析贯穿整个产品生命周期的过程，包括原材料及能源的采集、加工、运输、制造、销售、使用和废弃物的最终处置等阶段。清单分析的一般范围见图 1.2。

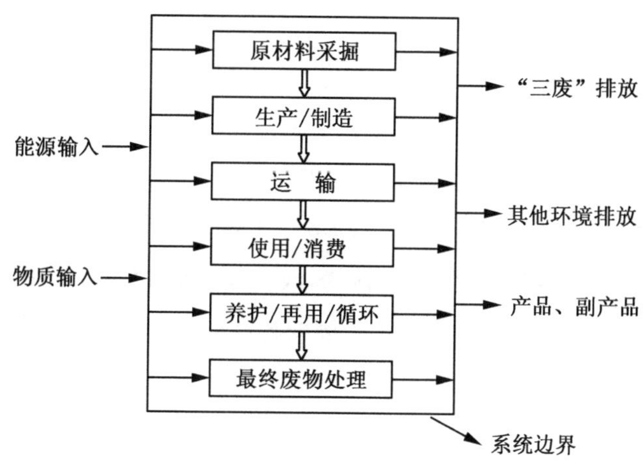

图 1.2 生命周期清单分析一般范围

(3)影响评价：对清单分析阶段所识别的环境影响压力进行定量和定性的表征评价，即确定产品系统的物质和能量交换对其外部环境的影响。这种评价包括分类(classification)、特征化(characterization)、量化(valuation)三个步骤，最终得到对资源耗竭、生态系统、人体健康等方面加权定量的总环境影响结果。

(4)改善评价:系统地评估在产品、工艺或活动的整个生命周期内削减能源消耗、原材料使用以及环境释放的需求与机会。这种分析包括定量和定性的改进措施,例如,改变产品结构、重新选择原材料、改变制造工艺和消费方式以及废弃物管理等①②。

三、ISO 的 LCA 概念框架

ISO 于 1997 年 6 月颁布了 ISO14000(环境管理—生命周期评价—原则和框架)标准,在原来 SETAC 框架的基础上作了一些改动,成为指导企业界进入 ISO 14000环境管理的一个国际标准。ISO 在开始制定 ISO 14000系列标准时,即成立 ISO/TC207/SC5(国际标准化组织环境管理技术委员会第五分技术委员会)来负责完善与生命周期评价相关的国际标准,编号定为 ISO14040 至 ISO14043。它们分别是:ISO14040 生命周期评价——原理和实践;ISO14041 生命周期评价——清单分析;ISO14042 生命周期评价——影响评价;ISO14043 生命周期评价——评价和改进。

ISO 将 LCA 分为相互联系的、不断重复进行的四个步骤:目的与范围定义、清单分析、影响评价和结果解释(见图 1.3)。ISO 对 SETAC 框架的一个重要改进是去掉改善评价阶段。因为 ISO 认为,改善是开展 LCA 的目的,而不是它本身的一个必需阶段。同时,增加了生命周期解释环节,对前三个相互联系的步骤进行解释。而且这种解释是双向的,需要不断调整。其中,影响评价技术含量最高,难度最大,同时也是发展最不完善的一个环节。另外,ISO14000 框架更加细化了 LCA 的步骤,更有利于指导开展 LCA 的研究与应用。

ISO14000 系列标准给出了 LCA 的定义:

(1)LCA 是一种用于评价与产品(包括产品、服务、活动等)相关的环境

---

① J.A. Fava, R. Denison, B. Jones, M.A. Curran, B.W. Vigon, S.Selke and J. Barnum.1991.A technical framework for life cycle assessments[J]. The Society of Environmental Toxicology and Chemistry.

② Consoli F., Allen D. and Boustead I., et al., 1993. Guidelines for Life-Cycle Assessment: A "Code of Practice"[M]. Brussels: SETAC.

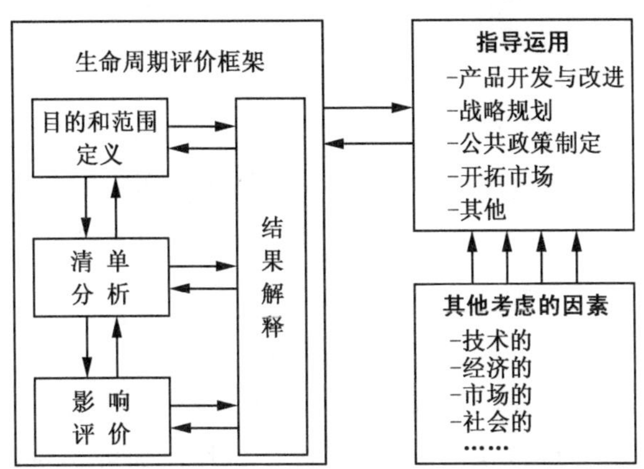

图1.3 ISO生命周期评价技术框架及相关内容(ISO,1997)

因素及其潜在影响的技术。研究内容包括:编制和研究系统相关的输入与输出的清单;评价与这些输入与输出相关的潜在环境影响;解释与研究目的相关的清单分析和影响评价结果。解释部分包括三个步骤:根据 LCI 和 LCIA(Life Cycle Impact Assessment,生命周期影响评价)的结果来识别重要事项;对数据进行完整性、敏感性、不确定性和一致性检验;得出结论,给出能够改善环境影响的建议和意见,并呈报 LCA 研究报告。

(2)LCA 研究的产品环境负荷和潜在的环境影响贯穿于整个产品生命周期全过程(即从摇篮到坟墓,from cradle to grave)——从原材料的获取、生产、使用直至最终处置的环境因素和潜在影响。需要考虑的环境影响类型包括资源利用、人体健康和生态后果。

(3)LCA 能用于帮助识别、改进产品生命周期各个阶段中环境因素的机会;产业、政府或非政府组织中的决策(如战略规划、确定优先项、对产品或过程的设计或再设计);选择有关的环境表现(行为)参数,包括测量技术;营销(如环境声明、生态标志计划或产品环境宣言)①②。

① 王寿兵,杨建新,胡聃.1998.生命周期评价方法及其进展[J].上海环境科学,17(11):7—10.

② 杨建新等. 2002.产品生命周期评价方法及其应用[M].北京:气象出版社.

四、LCA 应用的主要类型

(1)按 LCA 的复杂程度可以分为概念性的 LCA、简化的 LCA 和详尽的 LCA。

概念性的 LCA(conceptual LCA):对生命周期阶段和环境负荷指标都进行简化,它在能源系统分析中经常使用,分析时只考虑能源生产和使用阶段,忽略能源开采和运输等阶段,环境负荷指标考虑能耗和 CO_2 排放。方法虽然简单,但在多能源方案选择时很有效。

简化的 LCA(simplified LCA):该方法一般不对生命周期阶段进行简化,对环境负荷不进行定量的计算,只进行定性的研究,目的是想了解哪个生命周期阶段的环境影响最大,或进行不同方案的定性比较,所以该方法也称为流程 LCA(streamlined LCA)①。这种方法克服了详尽的 LCA 数据获取困难、评价费用高、评价时间长等缺点,所以在方案初步筛选时经常采用。

详尽的 LCA(detailed LCA):该方法一般不对生命周期阶段进行简化,以保证评价系统边界的一致性,并对环境负荷进行量化的 LCI 研究,但根据评价的意图允许对环境负荷因子进行选择。由于该方法评价全面,也称为全生命周期评价(full-scale LCA)。但该方法评价费用高,所以只在最后的几个方案选择时采用。此外,由于评价数据往往涉及商业秘密,所以除公益性的评价外,详尽的 LCA 评价结果很少公开。

(2)按 LCA 评价目标是否加入技术经济指标可分为环境管理的 LCA 和生命周期工程两大类。

环境管理的 LCA:评价目标只包含环境影响,不包括技术和经济指标,SETAC 的 LCA 定义中明确提出评价不包含经济影响,ISO 所制定的生命周期评价标准也是放在环境管理标准的系列(ISO14000)中。这种评价主要应用于环境管理(具体应用类型见图 1.4),所以也称为环境管理的生命周期评价。

---

① J.A. Todd and M.A. Curran. 1999. Streamlined Life Cycle Assessment: A Final Report from SETAC—North America Streamlined LCA Workshop[M]. Pensacola, Florida, USA.

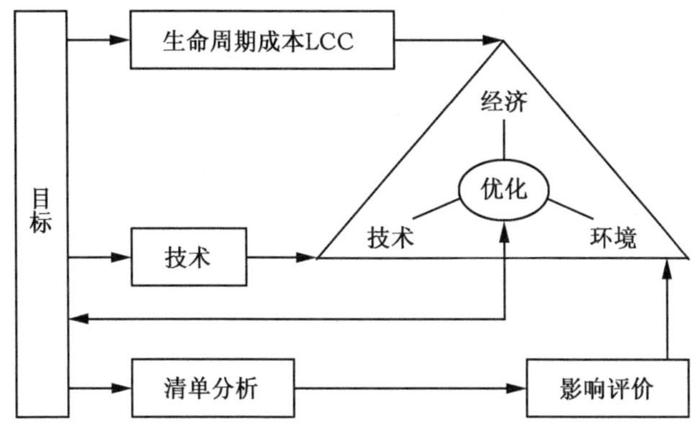

图 1.4　生命周期工程研究框架

生命周期工程(Life Cycle Engineering)[①]:在工程应用领域,仅仅研究系统对环境的影响是不够的,经济的合理性和技术的有效性必须同时考虑。所以近年来,人们在传统的系统技术经济分析的基础上,引入生命周期评价工具,以便科学地分析系统对环境的影响,这就是生命周期工程。研究框架见图 1.4,研究的主要内容有技术的可行性、生命周期环境影响(LCIA)、生命周期成本(Life Cycle Cost,LCC)。在可行的技术条件下,环境影响和成本可以衍生出不同技术方案的生态效率(Eco-efficiency),进而进行决策。常见的生命周期工程有生命周期设计(Life Cycle Design,LCD)、生态设计(Eco-design)。美国能源部(DOE)所用的生命周期评价也是这种类型,简写也是 LCA,但意思为生命周期分析(Life Cycle Analysis,LCA)。

五、LCA 方法研究的局限性与发展趋势

(一)LCA 本身的局限性

LCA 仅仅是一个环境管理和决策支持工具,它不能代替其他工具。无论

① Saur,K.,1998. Life Cycle Engineering, Production Design and Improvement Assessment[D]. Stuttgart University.

是理论上还是实践方法上,LCA都有其局限性。从理论框架上看,LCA主要考虑的是潜在的影响。由于目前没有考虑区位因子的影响,因而无法对实际影响做出评估。LCA结果,尤其是影响评价阶段的结果所能提供的信息只是一个简单的指标,掩盖了很多重要的信息。在整个LCA中,存在着大量的主观判断,常常缺乏足够的科学、技术数据支持。从方法上看,LCA存在的主要问题有:缺乏标准化的生命周期清单分析方法(包括确定系统边界、数据选择标准、分析处理方法以及标准化的清单模型);缺乏有效的标准化的数据库;在将清单分析结果转化为环境影响指标时,缺乏标准的模型方法;LCA与现有管理工具在方法上存在着巨大差距,因而常常无法进行比较等①。从目前的实践来看,大部分研究基于时间和经费的考虑,仅仅属于"从摇篮到大门"的研究,依然是"只见树木,不见森林"的思维模式。而且由于数据的缺乏和方法的混乱,目前的LCA缺乏透明性,离ISO14000的要求尚有较大差距。从清单模型上看,大部分LCA的研究仅仅考虑了生命周期从始至终的生命过程的各个阶段,未涉及对当前阶段的高阶投入/输出部分,尽管少数研究在清单分析模型中耦合了循环计算,但高阶部分仍然不能囊括完整的数据过程。

目前,对一项产品的整个系统或一系列工艺过程进行全面评价还十分困难,而将一系列复杂的环境问题与繁复的产品系统进行关联就更困难。虽然目前LCA中的LCIA方法有一定的局限性,但它还是有助于对整个系统进行评价的。首先,环境过程和自然生态系统是随时空变化的,而LCIA不考虑时空特性,因此排放、废物和资源消耗信息是一段时间内不同地方特性的一种组合;其次,环境过程或自然生态系统可能显示一种阈值或具有一种非线性的剂量—反应关系,而LCIA一般假设不存在环境阈值,在系统负荷与环境之间存在着一种简单的线性关系②。

① M.A.Curran.2000.Life Cycle Assessment:An International Experience[D]. Environmental Progress,19(2):65—71.

② 王寿兵.1999.中国复杂工业产品生命周期生态评价方法与实例研究[D].复旦大学博士论文,11.

(二)LCA 的发展趋势

(1)科学问题的简单化。以往的 LCA 研究多局限于专业的科学研究,仅为少数研究人员所掌握,而且研究的目标常常是问题的科学细节,研究结果也仅为研究人员所理解,对于支持政府决策和指导消费者尚有一定差距。由于简化 LCA 的呼声越来越强烈,近年来在 LCA 研究领域也出现了被称为"简化 LCA"(streaming LCA)的概念。但在简化的具体方法上却缺乏共识。严格的科学研究只有被社会所认识和承认,才能推动社会的发展。

(2)清单数据库的标准化。清单分析数据是决定 LCA 结果的最重要基础,清单分析数据的不标准导致 LCA 的结果常常无法得出令人信服的解释。欧美等国的一些组织都在积极开发全球标准化的清单数据库格式。

(3)重点从清单分析转向影响评价。当前国际上 LCA 的研究,尚有大部分仅仅停留在清单分析阶段,而不进行影响评价(如美国 Argonne 国家重点实验室开发的 GREET),主要原因在于影响评价方法的欠缺和不完备。清单分析的结果以各种各样的表格表示,难以反映生态环境问题的总体特征和趋势,尤其在政策支持和消费支持方面缺乏可理解性。在将 LCA 的分析结果应用于社会实践时,必须提供简单、可信的社会价值判断指标。越来越多的 LCA 研究开始考虑 LCIA。LCIA 方法论成为目前 LCA 领域内的研究热点。目前,LCIA 方法十分繁多,各有所长,短时间内还难以达成共识。从清单分析转向影响评价,是 LCA 方法的发展新方向。

六、国内 LCA 的研究进展

我国在 LCA 领域的研究工作起步较晚,但发展很快,并得到了国家有关部门的高度重视。如国家环保总局早在 1997 年印发的《国家环境保护局关于推行清洁生产的若干意见》的通知中就要求对清洁产品的环境标志认证管理,要逐步实行产品生命周期评价,即评价产品在原料选用、工艺技术、生产过程、消费使用直至报废后处理处置的全过程中的环境影响,促使企业在开展清洁生产的基础上,使其产品获得环境标志。作为 ISO14000 系列标准工作的一部分，1998年，国家技术监督局就开始全面引进ISO14040系列标准，将其等同转化为国家标准，相应的国家标准代号为GB/T24040系列。另外，国家自然科学基金项目还先后资助了一些生命周期项目的研究，如“我国企业环境行为生命周期管理对策研究”（杨建新，1998）、“考虑环境因素的产品生命周期评价理论与实践研究”（张群，1999）、“木薯酒精汽车的全生命周期3E评估和多目标优化”（浦耿强，2001）等，国家“863”高科技项目中也设立了有关生态材料生命周期评价的课题。总之，LCA在我国已逐渐从方法论和思想的介绍开始发展到系统的研究和应用实践，如复旦大学王寿兵对中国复杂工业产品生命周期评价方法和实例的研究，Xu Jincheng等对中国材料生命周期数据库的开发研究等，西安建筑科技大学李兵峰硕士对上海地区富产氢供氢系统进行过LCA研究，同济大学黄志甲博士对建筑物能量系统生命周期评价模型进行研究并开发出建筑物能量系统清单分析软件（BESLCA），黄志甲博士与李兵峰硕士完成了美国能源基金会资助的科研项目——FCV氢能源生命周期评价，同济大学的束庆硕士完成了公交车能源供应和动力系统的生命周期评价。

总之，LCA方法已经成为一种环境管理国际标准，并将在全球贸易与环境领域发挥越来越大的作用。LCA在我国已逐渐从方法论和思想的介绍开始发展到系统的理论研究和应用研究阶段①。相信在不久的将来，在清洁生产审计、环境标志、绿色包装、绿色制造、城市交通方式的选择、绿色建筑等方面，也会有应用生命周期评价思想或方法的初步尝试。

第五节　研究的主要内容

一、发展低成本能源系统的必要性

目前，石油、煤炭、天然气这三种传统的化石能源占总能源消费约

① 乔琦，刘景洋，孙启宏.2003.生命周期评价在我国的应用[J]. UNEP产业与环境，38(11)：90－93.

90%以上，其中石油占一半以上。而2004年世界能源统计年鉴的最新数据显示，世界石油总储量为1.15万亿桶，仅供开采41年；全球天然气储量为176万亿立方米，仅供开采63年。日本权威能源研究机构也声明，全球煤炭埋藏量为10 316亿吨，可开采231年。当然，核反应原料铀在地下和海水中的储量较大，但目前的利用成本较高，且存在安全利用隐患。目前全世界最为依赖的能源——石油与天然气，到21世纪中叶就将日趋枯竭①。

能源需求不断增加，价格也在持续上升。根据美国能源部能源资讯署2002年3月出版的报告，1999～2020年全球能源消费形势紧张，全球能源总消费量将增加60%，其中亚洲及南美洲发展中国家将增长一倍；石油预计增长59%(年增长率为2.2%)，占全球能源总消费量的40%以上；可再生能源(包含大型水电)预计将增长53%，但由于现阶段数量过少、投资成本高、能源密集度低且供应不稳定，所以占全球能源总消费量的比重将由9%下降到8%。不过预计更远的未来，随着技术的进步，其比重将上升较快。可见，由于核能与可再生能源的替代性迟迟无法实现，石油、天然气的需求量仍会不断增加，但能源储量是有限的，这种供需关系导致石油、天然气等能源价格不会下降。

我国能源总量丰富，但人均能源可采储量远低于世界平均水平。中国可采储量居世界第41位，但平均到个人消费量则非常低。从能源利用效率来看，目前国内能耗高，能源效率低。2001年，我国终端能源用户能源消费的支出为1.25万亿元，占GDP总量的比例为13%，而美国仅为7%。同时，我国单位产品的能耗水平较高，目前电解铝、铁合金、电石、烧碱、水泥、钢铁、黄磷、锌冶炼8个高耗能行业的单位产品能耗平均比世界先进水平高47%。

我国成为能源消耗大国，进口依赖度提高。2003年我国已经成为世界

① 我国现阶段住宅平均能耗与国外能耗的差异与对比[OL].2008. 中国能源网，http://www.china5e.com/www/dev/news/viewinfo-newpower-200804010232.html17,4.

上仅次于美国的第二大石油消费国。2002年以来，我国的原油消费需求仍以年10%以上的速度增长。2013年10月，美国能源情报署(Energy Information Administration)表示，在美国占据全球第一大国际石油贸易市场地位几十年后，中国超越美国成为全球第一石油进口国。预计到2020年，我国石油需求量为4.5亿吨，年均递增12%。我国对海外能源的依赖程度将达到55%以上。可见，我国能源消耗需求旺盛的同时，进口依赖度提高，这使得国内经济受国际形势的牵制增大。因此，在国内积极研发非化石能源技术，开拓国内能源市场迫在眉睫。

我国建筑能耗约占社会总能耗的1/3，建筑节能要求十分紧迫。到2000年底，我国建筑年消耗商品能源共计3.76亿吨标准煤，占全社会终端能耗总量的27.6%，而建筑用能的增加对全国的温室气体排放“贡献率”已达到25%。北方采暖地区由于高能耗建筑比例大，每年就消耗标准煤1 800万吨，折合二氧化碳排放量52万吨，直接经济损失达70亿元。目前，我国每年的新建建筑中80%以上仍属于高耗能建筑，单位建筑面积采暖能耗为气候相近发达国家的3倍左右，与发达国家存在较大的差距。对于美国而言，全球石油资源的战略布局以及石油的开采区域和运输线路等关键点的调整工作已基本完成，而我国却没有那样强有力的能源后盾支持，因此建筑节能水平的改善实际上应该比发达国家更为紧迫，应从设计阶段就开始注重建筑节能，从源头根本控制能源消耗。

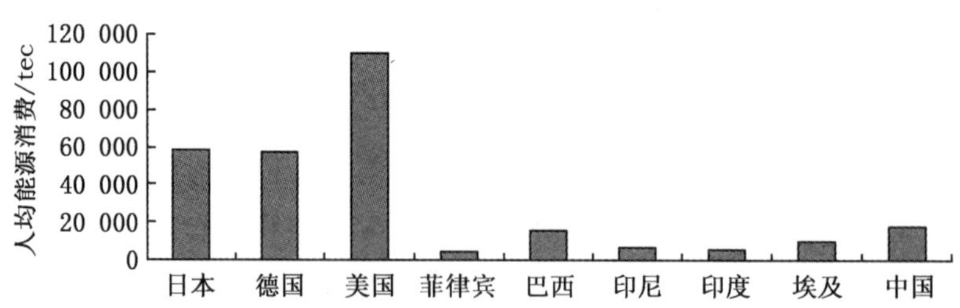

图1.5 2006年国内外人均能耗比较(吨标准煤)

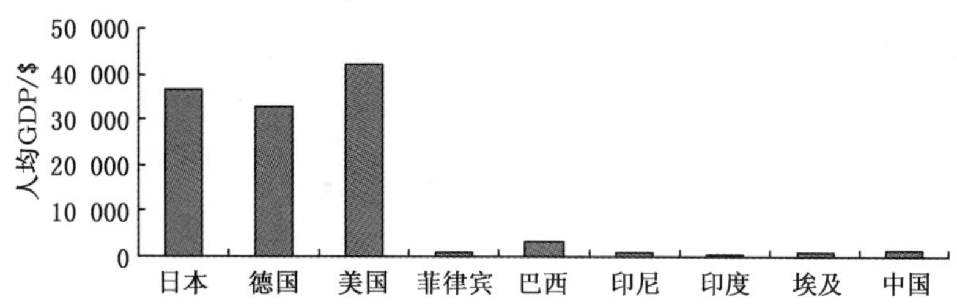

图 1.6　2006 年国内外人均 GDP 比较(美元)

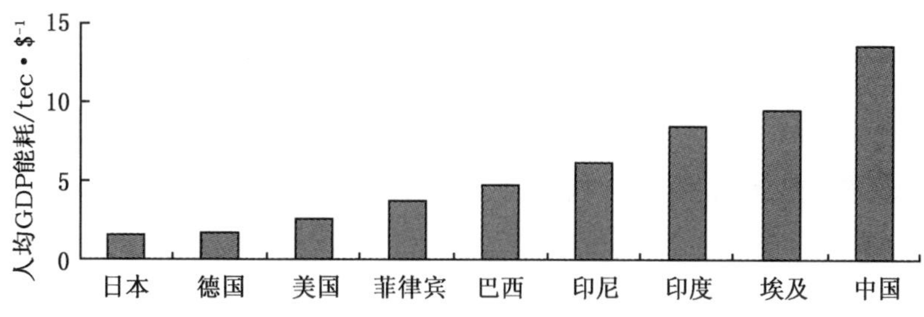

图 1.7　2006 年国内外人均 GDP 能耗比较(吨标准煤)

以 2006 年为例,我国能源消费增长迅速,并且中国的能源消费已占了全球能源消费的 15%以上。尽管我国的人均能耗还远远比不上日本、美国等发达国家(见图 1.6),但人均 GDP 水平与我国较为接近的菲律宾、印尼及埃及人均 GDP 能耗都远不及我国高,印度也与我国在人均 GDP 能耗上远远地拉开了差距(见图 1.7)①。

在这样的特殊国情下,降低人均 GDP 能耗是实现我国现代化的重要任务,尤其是在我国村镇地区,提出走"低成本能源系统"发展路线是当前的必要之举。

发展新型农村能源是建设社会主义新农村的必要条件之一,也是村镇人居环境建设的重要组成部分,因此在新农村建设中应把农村能源建设放在重要地位。通过调整能源结构,增加清洁可再生能源在村镇生活用能方

① 2006 年中国人均 GDP 能耗与世界比较排行[OL].2007.资源网,国土资源部信息中心.http://www.lrn.cn/zjtg/societyDiscussion/200707/t20070731_135351.htm.

式中所占的比重，使用新型的能源供应系统和末端设备，不但可以改善农民生活水平，而且对于减少我国大气污染和温室气体排放都有重要意义。

二、研究内容

在研究背景及现状的基础上，对我国典型村镇生活能源系统做了调研分析，提出我国村镇能源系统的低成本发展方向。以常规能源系统为基准线，对提出的可持续发展的可再生清洁能源系统进行了生命周期评价和经济性分析，并结合社会、环境和经济综合评价，获得村镇低成本能源系统的指标体系。

（一）基于社会调研的数据处理和低成本能源系统的构成

①在对村镇能源系统现状全面调研的基础上，对各个村镇社会经济概况及能源需求、供给现状的数据进行归整并对其中影响因素进行分析。②提出不同资源现状的村镇能源系统能量平衡分析方法，为村镇能源发展规划搭建数据分析平台。③以村镇资源当地化和能源的清洁可再生化为前提，以经济低成本和环境低成本为目标，对村镇能源转化技术和系统末端设备进行先进性选择。④提出低成本能源系统的构成支架及 12 种能源供应方案，为 LCA 评价提供研究对象。

（二）基于 LCA 的清单分析及环境影响评价

①除建立 LCA 能源上游阶段和使用阶段的清单分析模型，还基于此模型对 12 种村镇能源系统进行生命周期评价案例分析，获得清单分析输出参数，并进行环境影响评价。②完善了追溯能源最终端的功能，因此新模型比旧模型的清单输出结果更完整，提高了生命周期清单输出数据的精确度。③能源上游阶段包括开采、生产、运输、输送、分配等阶段，根据清单模型，总结了能源上游阶段的清单计算公式。④新的清单模型很好地诠释了 LCA 的思想。能源上游阶段清单分析为能源下游分析乃至整个能源系统的生命周期分析搭建了牢固的基础平台。

（三）基于经济性分析的 LCC 及综合成本评价

①通过财务经济性分析，建立初投资和运行费用计算模块，可以得到秸

秆燃气和沼气的当地化单位燃气成本。利用 Excel 进行数据回归分析，并对分散制气模式下的沼气成本和全村用气量做数据回归分析。②将清单环境排放分别按全球变暖潜在影响（GWPs）、人体健康影响（human health-damaging）和局域环境污染（shadow-pricing）三种影响进行分类。

（四）基于 PCA 的评价指标体系的建立及其权重的确定

①根据区域可持续发展的评价理论和村镇能源系统的构成要素，遵循科学性、目的性、引导性和可操作性原则，设计了村镇低成本能源系统评价指标体系包括四个指标层。②在 PCA 和因子分析法的基础上利用 SPSS 软件对指标原始数据进行处理和过滤，得到村镇低成本能源系统社会—环境—经济综合评价结果。

三、主要难点

（1）数据获取困难。村镇是一个社会学范畴，属于跨学科研究领域，对村镇的调研是一项复杂的工程，范围广、周期长。本研究历时 5 年多，跨 3 省（辽宁省、河北省、山东省）1 市（上海市）的 1 市（本溪市）3 县（辛集县、武城县、郯城县）3 镇（陈家镇、金泽镇、泖港镇），范围涉及我国热工分区的三个区（严寒地区、寒冷地区、夏热冬冷地区）及相关的 10 个典型性村镇。

（2）构建 LCA 清单分析模型的复杂性。LCI 清单数据涉猎范围广，难以获取，需查阅大量多知识领域的文献资料，包括熟悉能源生产流程（煤、油、气、电等），以获得能源生产过程中的能耗及其分配比例（能源结构）和设备环境排放数据。基于 BESLCI 软件对能源系统上游阶段清单模型进行改进，基于 Microsoft Excel 平台编辑新清单分析模型的计算公式。建立使用阶段的能源系统清单分析模型。

（3）环境经济评价方法的确定。环境经济学是环境科学与经济学之间交叉的边缘学科，由于与本专业的知识结构跨度很大，在美国 UC，Berkeley 的 3 个月的学习交流期间，参考了 Energy，Environment，Public Health 不同专业课题组的意见和研究成果，确定分类方法，通过合理分配，将外部环境成本内部化，在 ESLCA 软件中内置环境成本分析计算程序。

四、研究技术路线

研究围绕“低成本”的概念，在对村镇能源系统现状全面调研的基础上，对各个村镇社会经济概况及能源需求、供给现状的数据进行归整，并通过 MATLAB 软件对其中影响因素进行分析，以村镇资源当地化和能源的清洁可再生化为前提，以经济低成本和环境低成本为目标，利用 AIRPACK 等软件模拟对村镇能源转化技术和系统末端设备进行先进性选择，提出不同资源现状的村镇能源系统能量平衡分析方法，为村镇能源发展规划搭建数据分析平台。

通过生命周期评价的方法获得环境排放数据，基于 Excel 平台建立 LCA 能源上游阶段清单分析模型，对能源上游阶段数学模型进行改进并提出使用阶段迭代计算数学公式，对村镇能源系统进行生命周期评价案例分析，获得清单分析输出参数，并进行环境影响评价。通过对清洁可再生能源系统进行经济性分析，获得单位能源的经济成本，并以 LCI 分析数据输出为基础，基于不同的环境经济评价方法获得各能源方案的环境成本。

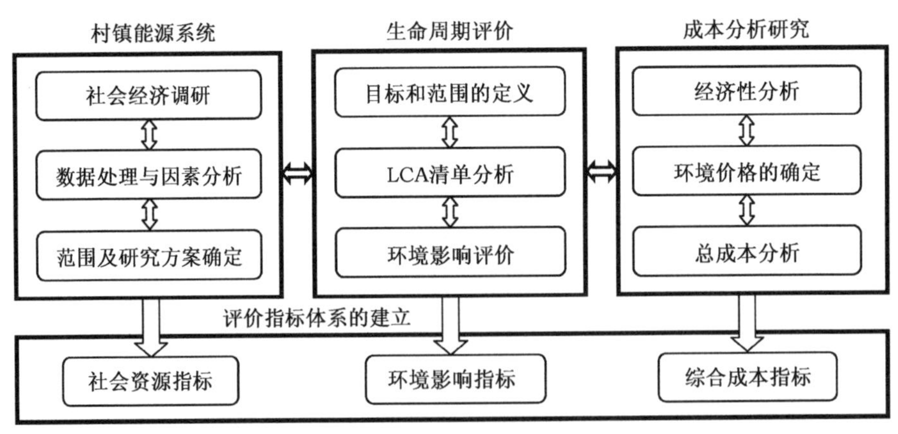

图 1.8　研究技术路线

在社会资源、环境影响和综合成本三部分数据的基础上，最终形成村镇低成本能源系统评价指标体系，基于 SPSS 软件平台计算权重。本研究延伸和拓展了对村镇能源系统的成本衡量的概念，将成本概念界定为经济成本与环境成本耦合的综合成本，进一步将能源使用的外部环境成本内部化，并定量化在村镇能源系统方面的生命周期评价内容也是本研究的创新之处。

第二章

典型村镇的能源系统调研及用能现状分析

研究主要在确定研究对象的前提下，在不同地区不同类型村镇进行实地调查、数据采集和数据处理；归纳村镇居民生活用能种类和特征，对村镇能源消费做社会因素影响分析；通过计算得到人均能源需求量、人均能源消费量、人均资源获得量，根据能源平衡分析做出系统规划。

村镇是一个社会学范畴，属于跨学科研究领域，对村镇的调研是一项费时耗力的工程。本研究历时 5 年左右，跨 3 省（辽宁省、河北省、山东省）1 市（上海市）的 1 市（本溪市）3 县（辛集县、武城县、郯城县）3 镇（陈家镇、金泽镇、泖港镇），即便这样也不可能面面俱到，范围仅涉及我国热工分区的三个区（严寒地区、寒冷地区、夏热冬冷地区）及相关的 10 个典型性村镇。数据分析采用 MATLAB 软件，得到影响能源消费各个因素的相关性。

第一节　村镇居民生活用能调研及分析

规划村镇能源系统，首先要调查村镇用能现状和当地资源，获得各种能源需求和资源总量、用途及其分布；根据各地村镇能源资源状况、技术特点、市场需求等条件，研究制定村镇可持续能源系统开发利用的有关规划，方可进一步实现清洁能源的合理有序开发。针对前面对“村镇”范畴的界定，目前村镇能源系统的主要职能是满足农民的生存和生活需求，因此对村镇能源系统的调查研究主要面向村民的生活用能，农民家庭产业一般按电耗处理，不涉及略有规模的复杂工业用能。

一、村镇居民生活用能调研内容

根据村镇的特征和居民生活特点，初期调研内容分为三个层次。第一层包括四项：社会经济概况、能源需求现状、资源现状及能源消费现状，如表2.1所示。调研以走访村镇级部门、深入农户、调查问卷等形式展开，其他不可获得数据通过查阅文献、当地县级统计年鉴等手段进行补充。

表2.1　村镇居民生活用能调研内容

第一层	第二层	第三层
社会经济概况	总体情况 住宅结构	全村人口、户数、效益面积、人均收入等 住宅形式、层数、建筑面积、围护结构、门窗结构等
能源需求现状	炊事 生活用热水 照明及家用电器 冬季采暖 夏季制冷 其他	炊事方式、初投资、拥有量、能源使用量 洗澡方式、初投资、拥有量、洗澡次数 电器种类及价格、拥有量、功率、开启时间 采暖方式、初投资、拥有量、采暖费、开启时间、热舒适性 制冷设备及价格、拥有量、功率、开启时间 农户家庭副产业能耗情况
资源现状	农作物种植 牲畜及家禽养殖 其他资源条件	种植种类、单产、播种面积等 主要养殖种类、数量等 太阳能、水能、风能等
能源消费现状	常规能源 清洁及可再生能源	种类、能源价格、年/月消费量等 种类、初投资等

二、社会经济及资源概况

根据农村资源能源特征，可以将农村当地资源分为常规能源及清洁和可再生能源两大类。常规能源目前包括秸秆柴薪（直接燃烧）、煤炭、液化气、电力（根据全国平均发电结构）；清洁和可再生能源包括生物质能（人畜粪便、秸秆等)、太阳能、地热能、水能(河流)和风能等(太阳能资源带分布如图 2.1 所示,风力资源分布见表 2.2)。

由图 2.1 可以看出,我国太阳能资源分布的主要特点:太阳能的高值中心和低值中心都处在北纬 22°～35°一带,青藏高原是高值中心(Ⅰ类地区),四川盆地为低值中心(Ⅳ类地区);太阳年辐射总量西部地区高于东部地区,且除西藏和新疆两个自治区外,基本都是南部低于北部;在北纬 30°～40°地区,与一般的太阳能随纬度而变化的规律相反,是随着纬度的升高而增加,这是由于南方多数地区云雾雨多而造成的。

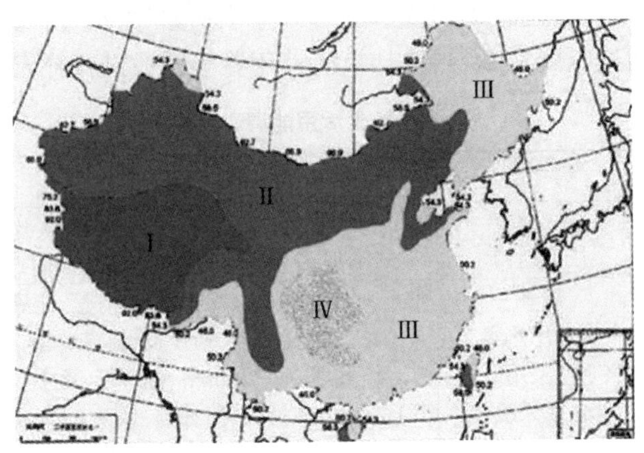

图 2.1　中国太阳能资源带分布

表 2.2　　中国风能分区及占全国面积的百分比

各项指标	丰富区	较丰富区	可利用区	贫乏区
年有效风能密度(W/m^2)	>200	200～150	150～50	<50
年≥3m/s 累计小时数(h)	>5 000	5 000～4 000	4 000～2 000	<2 000
年≥6m/s 累计小时数(h)	>2 200	2 200～1 500	1 500～350	<350
占全国面积的百分比(%)	8	18	50	24

根据村镇范畴的定位,选取了我国东北地区(严寒地区)、华北地区(寒冷地区)和华东地区(夏热冬冷地区)具有代表性的三个地域为研究范围。

2003～2007 年期间，本课题组能源小组成员分别深入该地域 10 个具有代表性的村镇进行农户能源现状调研，由北到南分别标以英文字母 A～J 为代号。数据资料通过查询当地近年年鉴、咨询当地基层政府部门，及深入农户了解、问卷调查、文献检索等手段获得。调研村镇的类型、人口及人均收入如表 2.3、图 2.2、图 2.3、图 2.4 所示。

表 2.3　　村镇分布及概况

<table>
<tr><th>地域</th><th>热工分区</th><th>村镇代号</th><th>全村人口(人)</th><th>住宅形式</th><th>人均收入(元)</th><th>畜牧业</th><th>农业</th><th>其他资源</th></tr>
<tr><td>辽宁省</td><td>严寒地区</td><td>A</td><td>1 520</td><td>单层楼、双层玻璃</td><td>3670</td><td>牛</td><td>玉米</td><td>太阳能资源Ⅱ类地区</td></tr>
<tr><td rowspan="3">河北省</td><td rowspan="6">寒冷地区</td><td>B</td><td>4 860</td><td>单层楼、单层玻璃</td><td>4 527</td><td rowspan="6">猪、鸡</td><td rowspan="6">棉花</td><td rowspan="3">太阳能资源Ⅲ类地区
中温地热资源</td></tr>
<tr><td>C</td><td>3 144</td><td>单层楼、单层玻璃</td><td>4 535</td></tr>
<tr><td>D</td><td>1 765</td><td>单层楼、单层玻璃</td><td>4 905</td></tr>
<tr><td rowspan="3">山东省</td><td>E</td><td>2 450</td><td>单层楼、单层玻璃</td><td>3 800</td><td rowspan="3">太阳能资源Ⅲ类地区</td></tr>
<tr><td>F</td><td>2 472</td><td>双层楼、单层玻璃</td><td>4 004</td></tr>
<tr><td>G</td><td>1 460</td><td>双层楼、单层玻璃</td><td>3 420</td></tr>
<tr><td rowspan="3">上海市</td><td rowspan="3">夏热冬冷地区</td><td>H</td><td>58 200</td><td>双层楼、单层玻璃</td><td>5 388</td><td>猪、羊</td><td rowspan="3">—</td><td>太阳能资源Ⅲ类地区
风能资源丰富区</td></tr>
<tr><td>I</td><td>60 817</td><td>双层楼、单层玻璃</td><td>7 275</td><td>猪、家禽</td><td>太阳能资源Ⅲ类地区
低温地热资源(湖)</td></tr>
<tr><td>J</td><td>34 233</td><td>双层楼、单层玻璃</td><td>6 758</td><td>猪、家禽</td><td>太阳能资源Ⅲ类地区</td></tr>
</table>

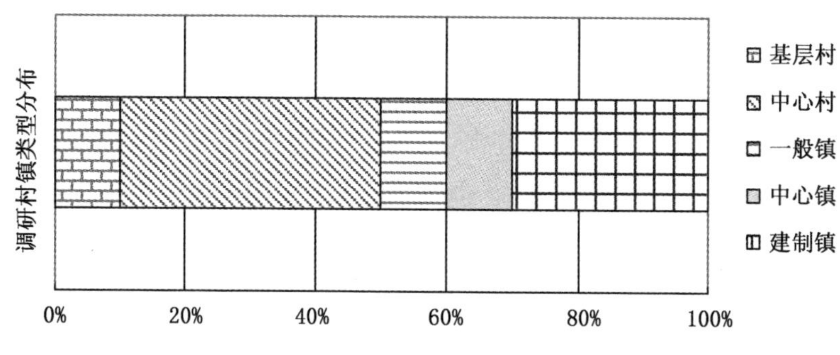

图 2.2　村镇类型

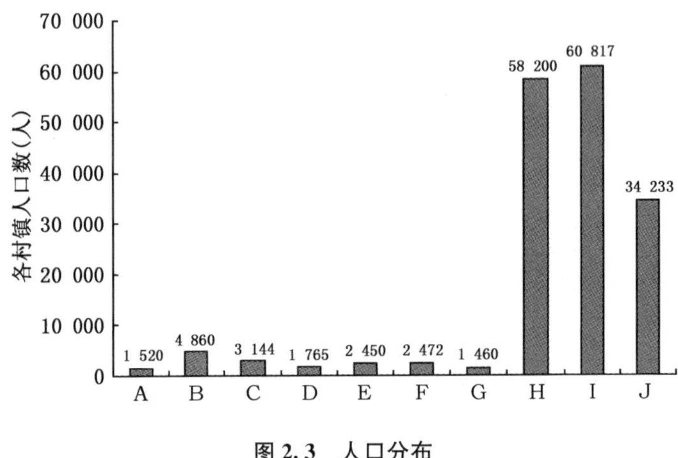

图 2.3　人口分布

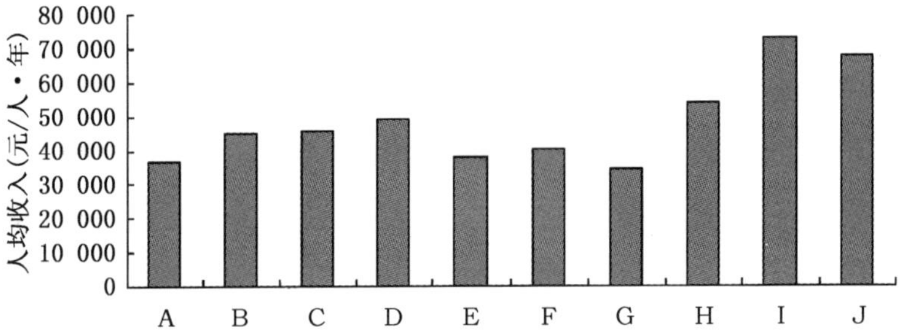

图 2.4　人均收入分布

调研村镇包括基层村、中心村、一般镇、中心镇和建制镇，从图 2.3 可以看出，除建制镇人口达到上万，一般村镇仅拥有1 000～5 000人口。从人均收入水平看，南方地区村镇较北方地区村镇富裕。但是，经济水平对能源消耗量并不一定产生正影响，下面做具体分析。

三、村镇能源需求现状

目前，能源统计中常用的两种方法是当量热值法和等价热值法。当量热值又称理论热值(或实际发热值)，是指某种能源一个度量单位本身所含热量。等价热值是指加工转换产出的某种二次能源与相应投入的一次能源的当量，能源生产效率是不断提高的，因此等价热值是个变动值。例如，对水电、核电的折算有电热当量和供电煤耗（net coal consumption rate）两种计算方法[①]。前者是按每度电的热功当量 860 大卡即 0.1229 千克标准煤（1kgce＝29.3MJ/kg）进行换算的；后者是将水电、核电按当年平均火力发电煤耗换算成标准煤，1kWh 折 0.404kgce（火电效率取 30.4%），它是按照电厂最终产品供电量计算的消耗指标，是对火电厂的重要考核指标之一。各类能源折算标准煤的参考系数如图 2.5 所示。

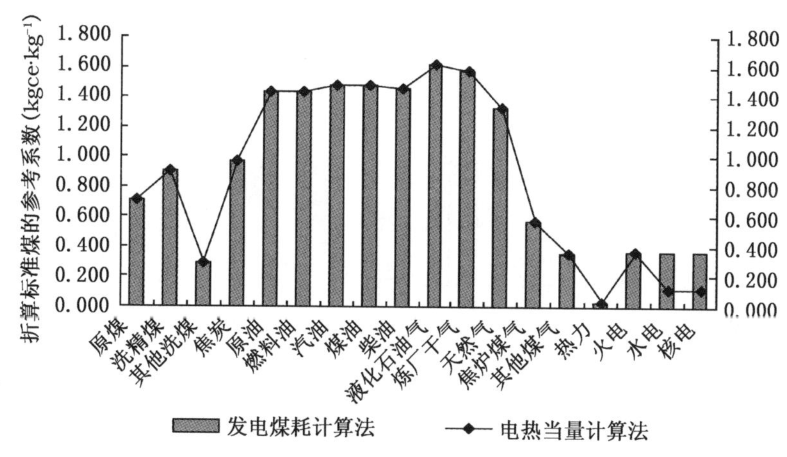

图 2.5　各类能源折算标准煤的参考系数

通过调研，将我国村镇居民生活能源归纳为冬季供暖、夏季制冷、照明及电器用电、炊事和生活热水六个方面。年人均能源需求量如图 2.6 所示。能源统计采用电热当量法，能耗单位为 kWh。村镇生活风俗的地域性很强，从而影响生活用能的地区一致性，因此，同一地域不同村镇的能源需求量与村镇人口规模、不同家庭的生活水平有关，采用“修正人均用能量”消除这两个影响因子。

① 江亿，刘兰斌，杨秀. 2006. 能源统计中不同类型能源核算方法的探讨[J]. 中国能源，28(6)：5—8.

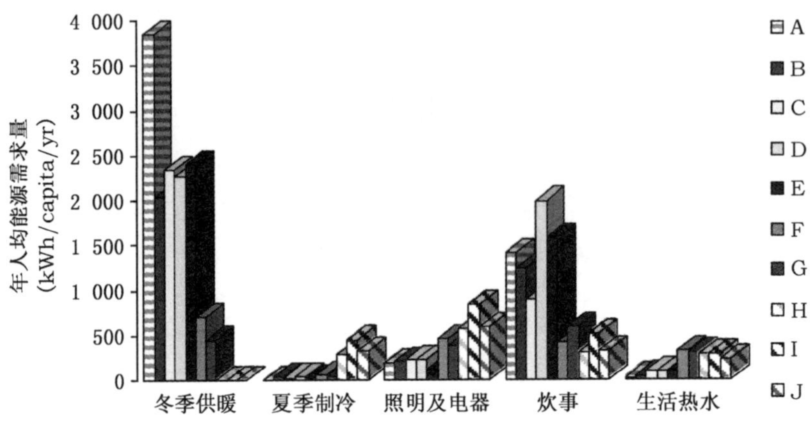

图 2.6　各村镇年人均能源需求量

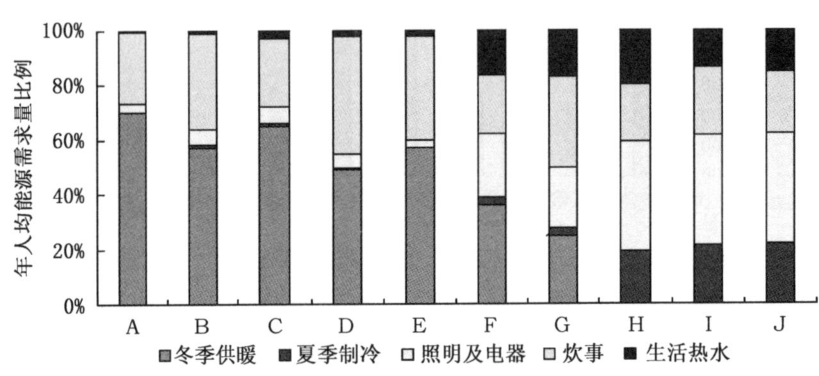

图 2.7　各村镇年人均能源需求量百分比

对比图 2.5～图 2.7 可以归纳大体的南北能耗分布特征，能耗总量由南向北大体呈下降趋势（见图 2.8）。生活热水能耗规律较为明显，具有南高北低的阶梯性特征（见图 2.6），这与南北天气差异和洗澡习惯有直接关系；所占比例最均匀的为炊事用能（见图 2.7），在 20%～43%之间，几乎不受地域限制，说明炊事在村镇生活用能所处的地位比较稳定，人均炊事能源需求量南方地区较北方地区少，这是由于饮食生活习惯的差异所导致的。

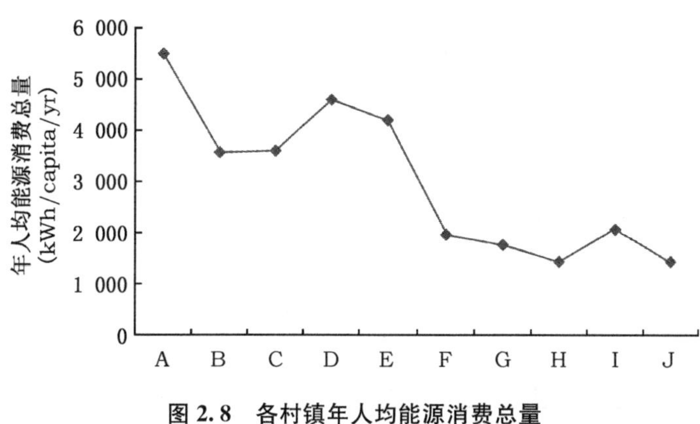

图 2.8　各村镇年人均能源消费总量

严寒地区和寒冷地区村镇能源需求模式较为相似，主要以炊事和供暖为主，严寒地区冬季供热能耗量占总能源需求量的比例最大为 70%，冬季室内环境是北方地区农村住宅的主要问题，目前冬季室内主要供暖方式是炕与暖气片采暖相结合，冬季室内温度为 11～14℃，而夏季供冷能耗几乎为零。寒冷地区冬季供热能耗量占总能源需求量的 30%～57%，夏季供冷能耗仅占 1%～3%。

夏热冬冷地区冬季没有采暖习惯，冬季供热能耗为零，而夏季供冷能耗比例相对较高；且该地区村民经济生活水平较高，家用电器拥有率及使用率较其他两个地区高，因此电力需求量和比例都较大，占总能源需求量的 37%。

四、能源消费种类及供应模式

通过调研得到的不同村镇对能源消费的种类和供应模式如表 2.4 所示。

表 2.4　村镇能源消费概况

能源需求种类	供应模式	使用能源种类	主要消费地区
冬季供暖	煤炉 热水锅炉 炕	煤 煤 煤、秸秆	严寒地区、寒冷地区

续表

能源需求种类	供应模式	使用能源种类	主要消费地区
夏季制冷	空调 电风扇	电 电	夏热冬冷地区
照明及电器	市政电网 风力发电	平均发电结构 风能	严寒地区、寒冷地区、夏热冬冷地区
炊事	煤炉 燃气灶 地锅	煤 液化气、沼气、秸秆气 秸秆	严寒地区、寒冷地区、夏热冬冷地区
生活热水	煤炉等 太阳能热水器	煤 太阳能	严寒地区、寒冷地区、夏热冬冷地区

如图 2.9 所示，严寒地区及寒冷地区的部分村镇(A、B、C、D)能源消费种类有煤、电、液化气、秸秆柴薪等，煤炭消费量占 80%左右；E 村由于棉花秸秆资源丰富，秸秆直接燃烧为主要能源消费形式，占总量的 70%；夏热冬冷地区村镇(H、I、J)能源消费种类有电、液化气、秸秆柴薪，电力消费为主要能源消费形式，占总量的 50%～70%；F、G 村煤和电的使用比例分别在 44%和 27%左右，具有明显的地域过渡性质。能源消费占家庭收入的比例由北到南基本呈线性下降趋势(见图 2.10)。

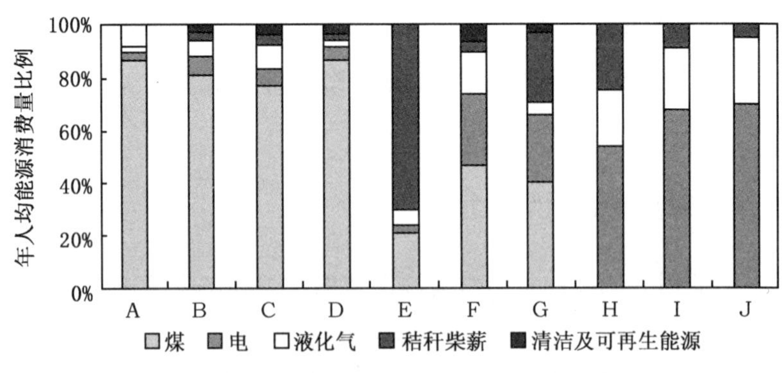

图 2.9　各村镇年人均能源消费量比例

严寒地区冬季采暖方式以炕辐射采暖为主，农民冬季在室内大部分活

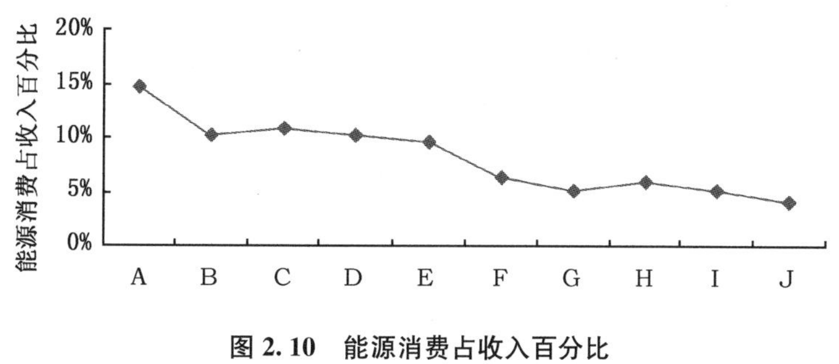

图 2.10 能源消费占收入百分比

动如吃饭、休息等都在炕上完成。寒冷地区偏北部分村镇还保留炕采暖的供热模式，但大部分地区已经过渡到以热水锅炉和土暖器结合为主、以煤炉为辅的采暖系统模式。经济收入稍高的农户已基本实现锅炉供暖、燃气灶的能源供应模式。炊事用能种类主要为液化气、煤、农作物秸秆，少数村镇有沼气或秸秆气化示范工程，末端设备主要有煤灶、燃气灶或地锅。个别村镇太阳能热水器的使用已具规模。从分析结果来看，村镇的能源供应系统基本服从以下分配去向(见图 2.11)。

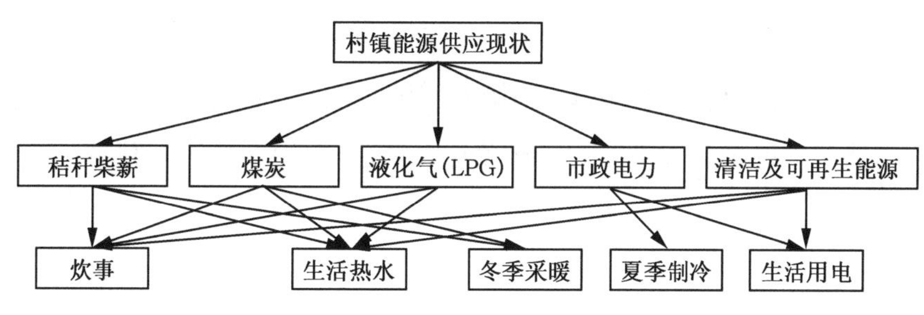

图 2.11 村镇能源供应现状分析

基于以上信息，初步判断可将村镇的生活能耗分为两部分：其一，该种能耗与气候条件紧密相关，如空调能耗、采暖能耗，并认为这部分能耗与气候参数呈线性关系，可用采暖度日数和空调度日数作为反映气象特征的主要参数。其二，该种能耗与气候条件无关，终年几乎不变，如用于照明、炊事等系统的能量。当然，有些能耗并不是只与气候条件相关，如生活热水能耗,洗澡次数与天气变化有直接关系,但也与村民生活习惯、经济水平等因素相关,因此要做多因素影响分析来判定相互关系的紧密程度。

第二节 村镇能源系统的影响因素分析

一、数据处理和因素分析基础①②

社会经济现象的数量变化,有些是受多种因素的影响形成的。在各种因素之间,常常不存在直接的函数关系,这种因变量与自变量之间的关系,称为相关关系。回归分析法是用以确定变量之间相关关系的数学表达方程式,以表示相关关系中相关的函数关系,而相关分析法则是在回归分析基础上,用一个指标表明变量间相互依存关系的密切程度,如一元线性相关、一元非线性相关或多元相关。相关分析指标有以下几种:

(一)r^2

r^2称为方程确定系数,它的取值在[0,1]之间。r^2越接近1,表明方程中的变量对 y 的解释能力越强。r^2是一个受自变量个数与样本规模之比影响的系数,一般的常规是1∶10以上为好。当这个比值小于1∶5的时候,r^2倾向于高估实际的拟合优度。为了避免这种情形,常用调整的r^2代替r^2。

(二)相关系数(correlation coefficient)

$$r=\frac{\sum(x-\bar{x})(y-\bar{y})}{\sqrt{\sum(x-\bar{x})^2\sum(y-\bar{y})^2}} \tag{2.1}$$

r 称为相关系数,值域为[0,1],其计算结果说明两个变量 x 与 y 之间关联的密切程度(绝对值大小)与关联的性质(正负号)。当 $r=1$ 时,所有的观察值都落在拟合直线上;当 r 等于0时,这时 y 的线性变化与 x 的变化无

① 陈善林,徐国祥.1990.因素分析的理论与方法[M].中国统计出版社,6.

② P.R.贝文顿著,仇维礼,徐根兴译.1986.数据处理和误差分析[M].知识出版社.

关。要判断该样本的 r 是否有意义,需与总体相关系数 $\rho=0$ 进行比较,看两者的差别有无统计学意义。对 r 进行假设检验,判断 r 不等于零是由于抽样误差所致,还是两个变量之间确实存在相关关系。对相关系数的假设检验,常用 t 检验,选用统计量 t 的计算公式为:

$$t=r\sqrt{\frac{n-2}{1-r^2}}\ (自由度\ v=n-2) \tag{2.2}$$

一般认为,$|r|>0.95$,存在显著性相关;$|r|\geqslant0.8$,高度相关;$0.5\leqslant|r|<0.8$,中度相关;$0.3\leqslant|r|<0.5$,低度相关;$|r|<0.3$,关系极弱,可认为不相关。衡量回归效果的好坏,除了用相关系数检验外,还可以用回归的方差分析来说明。

(三)偏确定系数

方程的确定系数 r^2 表示方程中所有变量解释 y 的变化占 y 总变化的比例,但是有时我们还想知道方程中的每一个变量对减少余差平方和的边际贡献。这就是偏确定系数,它的值域也在[0,1]中变化。偏确定系数可以用于判断自变量的重要性。如果它的分母改为总余差平方和,并将分子分母分别除以相应的自由度,即可以用于偏 F 检验,在逐步回归和向后回归中,它的数值用以确定保留在方程中的变量。偏确定系数是在原有方程的基础上增加一个新的变量时计算出来的。根据同一原理,还可以计算偏多元确定系数。即在原有方程的基础上增加多个变量时所计算出来的,表示的是新增的若干变量对 y 的边际贡献。它在分析一个不可分割或研究人员不愿加以分裂的变量组时是非常有用的。比如,在遇到表示多个不同类别的虚拟变量时,虽然它们是多个,但其实代表的是一个多分类的名义测度变量,因此单个计算偏确定系数实际上是意义不大的。

(四)偏相关系数

对偏确定系数开方,即得到偏相关系数的绝对值。这里所说的偏相关是控制其他变量条件下两个变量之间的相关,因此这一偏相关是有正负之分的,其符号与对应偏回归系数的符号一致。通常称控制变量的个数为阶。

由于简单相关没有控制变量，因此也称为零阶相关。偏相关系数可以检验在控制了其他变量之后，某一个变量 x 是否与 y 确有相关关系及关系的强弱，因此是研究分析中十分重要的内容。

计算相关系数的方法。Pearson：双变量正态分布资料，两个连续变量间的相关；Kendall 和 Spearman：资料不服从双变量正态分布或总体分布未知，两个等级（分类）变量间的秩相关。

二、村镇能源系统影响因素分析

村镇的能源系统是一个庞大复杂的系统，它包括了能源供应输配系统、能源运营系统及末端系统等。影响该系统的因子有很多，如受到村镇人口规模影响、当地资源制约、经济发展水平制约、政策制约等。由于本研究致力于"成本"分析，因此采用人均能源系统消费量（包含能源系统投入）来体现村镇能源系统的综合行为效果，记为 $F(x)$，其表达式如下：

$$F(x)=f(x_1,x_2,x_3,x_4,x_5,\cdots,x_n) \tag{2.3}$$

其中：x_1——村镇规模；

x_2——经济水平；

x_3——气候条件；

x_4——生活习惯；

x_5——当地资源条件；

……

在现有调研数据的基础上进行参数分级：表 2.5 包括的所有参数为原始数据，即一级数据；经过能量分析计算后所得到的数据为二级数据。影响因子既包括一级数据也包括二级数据。可以表示村镇规模的指标有全村人口、户数、每户人数；可以表示当地经济水平的参数为人均收入或人均 GDP；所处热工分区可表示气候条件，代表参数有 *HDD*、*CDD*、采暖计算温度、空调计算温度；体现当地生活习惯的参数包括全年各能源使用天数；用各类能源消费量现状表示当地资源现状。当然这些参数之间并不是完全独立的，同时发生相互影响，因此也要分析各参数间的两两相关性。

气候是影响能源消费的一个重要因子①②。我国学者张家诚等用相关系数法得出我国北方冬季平均温度与度日值有很好的相关性，其相关系数高达0.99，并用最小二乘法建立了一元回归模型，发现度日是一个比采暖日数更敏感的指标③。度日法（DD法，Degree-Day Method）是根据稳态传热的理论发展起来的、最初用于估计建筑的全年采暖能耗的一种方法。我国居住建筑节能设计标准采用采暖度日数 $HDD18$ 和空调度日数 $CDD26$ 衡量当地寒冷和炎热的程度，计算公式如下：

$$HDD18=\sum_{i=1}^{365}(18-t_i)_{(℃\cdot d)} \tag{2.4}$$

$$CDD26=\sum_{i=1}^{365}(t_i-26)_{(℃\cdot d)} \tag{2.5}$$

依据不同的采暖度日数 $HDD18$ 和空调度日数 $CDD26$ 范围，将全国划分为五个气候区：严寒地区 $3\ 800\leqslant HDD18<8\ 000$；寒冷地区 $2\ 000\leqslant HDD18<3\ 800$，$CDD26\leqslant 200$；夏热冬冷地区 $600\leqslant HDD18<2\ 000$，$50<CDD26\leqslant 300$。本书不利用度日数估算能耗，只作为表示气候特征的参数，因此采用了 $ASHREA$ 度日数标准。

表2.5　　村镇能源系统影响因子

影响因子			
1	全村人口	14	冬季供热能耗
2	人均收入	15	夏季制冷能耗
3	户数	16	照明及电器能耗

① 袁顺全，千怀遂.2004.气候对能源消费影响的测度指标及计算方法[J].资源科学，6(26)：125—130.

② Jager J. 1988.气候与能源系统[M].北京：气象出版社.

③ 张家诚，高素华，潘亚茹.1992.我国温度变化与冬季采暖气候条件的探讨[J].应用气象学报，3(1)：70—75.

续表

影响因子			
4	每户人数	17	炊事能耗
5	采暖度日数	18	生活热水能耗
6	空调度日数	19	煤消耗
7	室外采暖计算温度	20	电消耗
8	室外空调计算温度	21	液化气消耗
9	供热天数	22	秸秆柴薪消耗
10	供冷天数	23	清洁及可再生能源消耗
11	炊事天数	24	总能耗
12	生活热水天数	25	能源消费比例
13	每户供热供冷照明面积		

采用 MATLAB 软件进行数据处理分析。MATLAB 是由美国 MathWorks 公司出品的商业数学软件，是一种数值计算环境和编程语言，主要包括 MATLAB 和 Simulink 两大部分。MATLAB 基于矩阵(Matrix)运算，其全称 MATrix LABoratory 即得名于此。它在数学类科技应用软件中在数值计算方面首屈一指。MATLAB 可以进行矩阵运算、绘制函数和数据、实现算法、创建用户界面、连接其他编程语言的程序等，主要应用于工程计算、控制设计、信号处理与通讯、图像处理、信号检测、金融建模设计与分析等领域。软件内置可选函数有 *xcorr*(cross-correlation function)和 *corrcoef*(correlation coefficients)，都可作为两两相关系数计算函数。

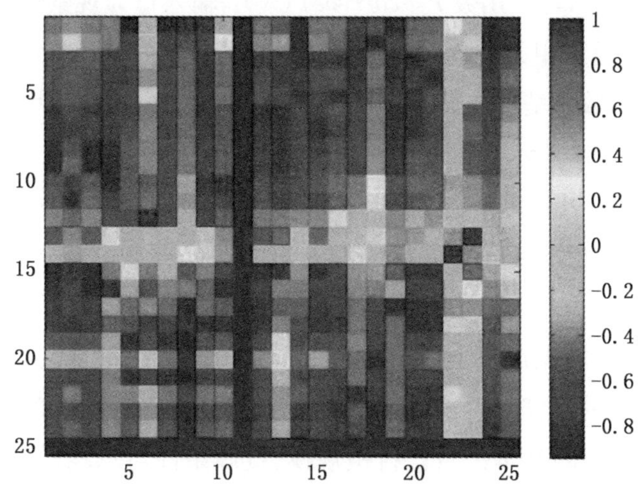

图 2.12　25 个影响因子两两相关系数

表 2.6　能源总消耗量与各影响因子的相关系数

标号	r_{i24}	r_{i24}^2	相关性	标号	r_{i24}	r_{i24}^2	相关性
1	−0.60	0.36	中度相关	14	0.97	0.94	显著性相关
2	−0.46	0.21	低度相关	15	−0.65	0.42	中度相关
3	−0.58	0.34	中度相关	16	−0.78	0.60	中度相关
4	0.54	0.30	中度相关	17	0.91	0.83	高度相关
5	0.84	0.70	高度相关	18	−0.90	0.81	高度相关
6	−0.74	0.55	中度相关	19	0.88	0.78	高度相关
7	−0.87	0.76	高度相关	20	−0.73	0.53	中度相关
8	−0.90	0.82	高度相关	21	−0.52	0.27	中度相关
9	0.82	0.68	高度相关	22	0.28	0.08	不相关
10	−0.47	0.22	低度相关	23	0.32	0.10	低度相关
11	0.00	0.00	不相关	24	1.00	1.00	显著性相关
12	−0.69	0.48	中度相关	25	0.84	0.70	高度相关
13	0.44	0.19	低度相关				

若选择后者，写入函数 $r=corrcoef(X)$，输入行为观察值、列为变量的矩阵 X，则可返还相关系数 r 的计算矩阵应该是一个对称矩阵。若以与总能耗的相关系数为基准进行排序，如图 2.12 所示，每个色块代表各个变量的 r 值（r_{i24}如表 2.6 所示）。

由表 2.6 可以看出，各项能耗中 14—冬季供热是影响总能耗的最大因素（$|r|\geqslant 0.95$，显著性相关），当然 24—总能耗与自身也是显著性相关。其次是 17—炊事和生活热水，此外与气候条件有关的参数如 5—采暖度日数、7—室外采暖计算温度、8—室外空调计算温度对家庭总能耗的相关程度都较高（$0.8\leqslant|r|<0.95$），说明气候条件是影响村镇生活能耗的最大因素，这与前期的初步预测基本一致。村镇规模、资源条件与总能耗属中度相关水平（$0.5\leqslant|r|<0.8$）。在调研村镇范围内，规模大、人口多的村镇一般经济较为发达（高度相关），虽然经济水平对家庭总能耗量影响不大，属低度相关水平（$0.3\leqslant|r|<0.5$），但在经济较发达地区，农民的人均用电量较大，并且会较多考虑使用夏季空调和生活热水。生活习惯对家庭能耗的影响最不稳定，如燃烧秸秆柴薪为生活能源，但不可忽略。由于假设 11—炊事天数为全年不变，因此与其他因子不相关，即 r_{i11} 为零。

第三节　本章内容小结

通过比较，得到以下几个结论：

（1）我国村镇居民生活能源主要为冬季供暖、夏季制冷、照明及电器用电、炊事和生活热水六个方面。能耗总量由南向北大体呈下降趋势，生活热水能耗具有南高北低的阶梯性特征；炊事用能所占比例最均匀，在 20%～43%之间，几乎不受地域限制，说明炊事在村镇生活用能所处的地位比较稳定。严寒地区和寒冷地区村镇能源需求模式较为相似，主要以炊事和供暖为主，严寒地区冬季供热能耗量占总能需求量的比例最大为 70%，而夏季制冷能耗几乎为零。寒冷地区冬季供热能耗量占总能需求量的 30%～57%，夏季制冷能耗仅占1%～3%。夏热冬冷地区冬季供热能耗为零，而夏季制冷能耗比例相对较高，且该地区村民经济生活水平较高，家用电器拥有率及使用率较其他两个地区高，因此电力需求量和比例都较大，占总能需求量的37%。能源消费种类具有明显的地域过渡性质，且能源消费额与家庭收入的关系为由北到南逐渐减小。严寒地区冬季采暖方式以炕辐射采暖为主，农民冬季在室内大部分活动如吃饭、休息等都在炕上完成。寒冷地区偏北部分村镇还保留炕采暖的供热模式，但大部分地区已经过渡到以热水锅炉和土暖器结合为主、以煤炉为辅的采暖系统模式。经济收入稍高的农户已基本实现锅炉供暖、燃气灶的能源供应模式。炊事用能种类主要为液化气、煤、农作物秸秆，少数村镇有沼气或秸秆气化示范工程，末端设备主要有煤灶、燃气灶或地锅。个别村镇太阳能热水器的使用已具规模。

(2)村镇的生活能耗分为两部分:其一，该种能耗与气候条件紧密相关。如空调能耗、采暖能耗，并认为这部分能耗与气候参数成线性关系，可用采暖度日数和空调度日数作为反映气象特征的主要参数。其二，该种能耗与气候条件无关，终年几乎不变，如用于照明、炊事等系统的能量。当然有些能耗并不是只与气候条件相关如生活热水能耗，洗澡次数与天气变化有直接关系，但也与村民生活习惯、经济水平等因素相关。

(3)村镇生活用能与生活习惯和地域性关联性很强。处于不同热工分区的村镇由于气候条件和居民生活习惯不同，能源需求量及需求种类都不同，因此进行能源系统规划一定要考虑资源能源的“当地化”，因地制宜，分区制定标准，并以当地村民生活习惯需求为基础。各地区的资源状况不同，开发可再生能源的潜力也有所区别，要根据当地资源条件进行能源供应模式筛选或系统优化设计。资源的当地化是能源系统低成本的必要条件。改进生物质能的利用效率，推广新型利用技术势在必行。

(4)相关分析显示，各项能耗中14－冬季供热是影响总能耗的最大因素，其次是17－炊事能耗。气候条件是影响村镇生活能耗的最大因素。村镇规模、资源条件与总能耗属中度相关水平。经济较发达地区，农民的人均用电量较大,并且会较多考虑使用夏季空调和生活热水。生活习惯对家庭能耗的影响最不稳定,但不可忽略。

(5)在统计学中,本研究在全国村镇研究范围内属于小样本调查,进行统计分析时缺少大量数据,而且采集的数据样本较为凌乱,需要在已有数据基础上进行进一步计算整理,将各地能源资源以同一基准换算为人均能耗数据,建立村镇能源需求、能源消耗、资源估算及能量平衡分析方法,并为后续的生命周期评价、经济性分析及指标体系研究提供有力的数据支撑。

第三章

村镇低成本能源系统的构成

第一节 低成本能源系统的构成

由于当前严峻的能源形势和目前村镇低能效高排放的能源消费现状，以煤炭和秸秆为主要能源的村镇能源模式已经不能适应目前可持续发展的要求，发展清洁可再生能源已经成为村镇能源规划的大趋势。因此，在能源规划和能源方案的筛选过程中，既要达到较低的环境排放水平，又要保证在农民消费水平范围内，这是构成低成本能源系统的基本条件。

一、村镇资源当地化

"资源当地化"是指因地制宜，利用地方优势资源，节约购置、交通运输消耗及费用，以降低建设成本，达到节能减排的目的。如图 3.1 所示，资源层给出了目前几种常见的农村能源资源，包括自然资源，如太阳能、地热能、水能、风能；废物资源，如生物质、人畜排泄物；还有其他如农民生活垃圾、农林废物等固废，在此不一一列举。资源的当地化是能源系统低成本的必要条件。

二、村镇可持续性能源系统规划模型

基于当地资源情况和软件模拟等手段，可对能源技术、系统方案进行先进性选择。根据农村资源能源特征，可以将当地资源分为生物质能、太阳能、地热能、水能和风能，相对于煤炭、石油等不可再生化石燃料，称这些能源为可再生能源。经过前面的分析，知道秸秆直接燃烧对环境的污染极其严重，因此虽然秸秆属于可再生能源的一部分，但是已经不能称之为“清洁可再生能源”。因此，经过能源技术可行性、先进性筛选，村镇的能源转换技术包括沼气技术、沼气发电技术、秸秆气化技术、秸秆发电技术、太阳能集热技术、太阳能光伏发电技术、地源热泵技术（土壤源、水源）、小水电技术和风力发电技术等，可称为清洁可再生能源。

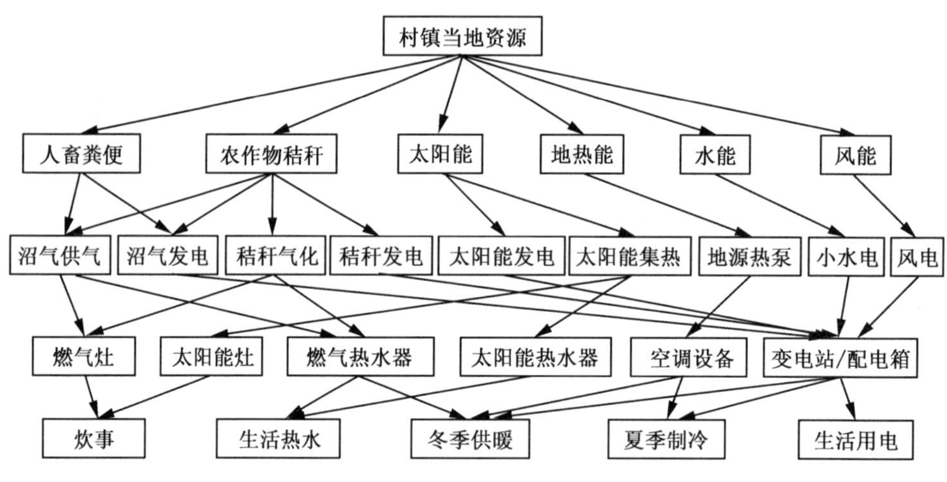

图 3.1　村镇可持续性能源系统总规划模型

图 3.1 是基于当地资源的村镇可持续性能源系统规划层次分析图，共包括四个层次：资源层、能源转换技术层、能源末端设备层、能源负荷层。层与层之间的能流关系通过“能源转化效率”相互关联，包括能源生产效率、能源使用效率等。

三、村镇低成本能源系统优化数学模型

若以能源系统成本最低为目标，则优化函数表达式为：

$$F=F_1(x_1,x_2,\cdots,x_n)+F_2(x'_1,x'_2,\cdots,x'_n) \tag{3.1}$$

$$F_1=W_1\sum x_i\cdot m_i \tag{3.2}$$

$$F_2=W_2\sum x'_i\cdot m'_i \tag{3.3}$$

约束条件：

(1)$F_1\min$ 表示经济成本最低，$F_2\min$ 表示环境成本最低；

(2)必须满足各项能源需求指标

函数表达式：$E_{\text{supply}}\geqslant E_{\text{demand}}=\sum x_i$；

(3) $x'_i=f(x_i)$　　(3.4)

其中：x_i——能流变量(kWh)；

x'_i——环排变量(t)；

W_1,W_2——权重系数；

m_i——经济性指标(yuan/capita)；

m'_i——环境指标(yuan/t)。

第二节　可再生能源技术及估算方法

一、太阳能技术

(一)太阳能利用方式

太阳能的利用方式主要有四类——光热利用、太阳能发电、光化利用、光生物利用，但一般所说的太阳能利用技术指前两种，包括太阳能聚热系统(利用太阳的热能产生电能)；光伏(太阳能电池)发电系统(将太阳能直接转换为电能)；主、被动式太阳房；太阳能热水系统；太阳能采暖和制冷等。

各种太阳热利用技术中，太阳能热水器技术最成熟、应用最广泛、产业化发展最迅速。现在，我国已成为世界上热水器生产和消费最大的国家，太阳能热水器、燃气热水器和电热水器形成三足鼎立的局面。太阳能热水器由集热器、储热水箱、循环水泵、管道、支架、控制系统及相关附件组成。太阳能热水器也称太阳能热水装置或太阳能热水系统，可分为闷晒式太阳能热水器、平板太阳能热水器、紧凑式全玻璃真空管太阳能热水器、紧凑式热管真空管太阳能热水器等。

按国标 GB/T18713 和行标 NY/T513 规定，太阳能热水器储热水箱的容水量在 0.6t 以下的称为家用太阳能热水器，大于 0.6t 的称为太阳能热水系统或太阳能热水工程。根据集热器结构和集热温度范围不同，可分为四种工作状况：低温集热，室外温度 θ＋(10～20℃)；中温集热，室外温度 θ＋(20～40℃)；中高温集热，室外温度 θ＋(40～70℃)；高温集热，室外温度 θ＋(70～120℃)。

(二)太阳能估算方法

利用太阳能就是利用太阳光辐射所产生的能量，因此计算太阳能资源的获得量需要了解辐射通量、辐照度和曝辐射量几个概念。太阳能以辐射形式发射的功率称为辐射功率，也称辐射通量，用 Φ 表示，单位为 W。投射到单位面积上的辐射通量称辐照度，用 E 表示，单位为 W/m^2。从单位面积上接收到的辐射能称曝辐射能，用 H 表示，单位为 J/m^2。太阳辐照度根据不同波长范围的能量大小及稳定程度划分为常定辐射和异常辐射。常定辐射包括可见光部分、近紫外线部分和近红外线部分 3 个波段的辐射，是太阳辐射的主要部分，它的特点是能量大且稳定，占太阳辐射能的 90%左右，受太阳能活动的影响很小，表示这种辐照度的物理量称为太阳常数，一般取值为(1 367±7)W/m^2。异常辐射包括辐射中的无线电波部分、紫外线部分和微粒子流部分，随着太阳能活动的强弱而发生剧烈的变化，在极大期能量很大，在极小期则很弱。太阳辐照度受到太阳高度、大气质量、大气透明度、地理维度、日照时间及海拔高度的影响。第二章介绍过，我国的太阳能按照年曝辐射量的不同，可分为四个资源带，因此太阳能的“当地化指数”即太阳能获得量。根据各地区所属太阳能资源带不同，可估算不同地区年人均太阳能获得量。

根据集热器基本能量平衡方程

$$Q_U=Q_A-Q_L \tag{3.5}$$

其中：Q_U——集热器在规定时段内输出的有用能量，W；

Q_A——同一时段内入射在集热器上的太阳能辐照能量，W；

Q_L——同一时段内集热器对周围环境散失的能量，W。

和集热器效率方程

$$\eta=Q_U/(A\cdot G) \tag{3.6}$$

其中：η——集热器效率；

A——集热器面积，m^2；

G——太阳辐照度，W/m^2。

可将 $Q_A=AG(\tau\alpha)_e$，$Q_L=AU_L(t_p-t_a)$代入式(3.6)，得[①]

$$\eta=(\tau\alpha)_e-U_L(t_p-t_a)/G \tag{3.7}$$

其中：$(\tau\alpha)_e$——透明盖板透射比与吸热板吸收比的有效乘积；

U_L——集热器总热损系数，$W/(m^2\cdot K)$；

t_p，t_a——吸热板温度，环境温度，℃。

若已知所处太阳能资源带全年平均辐射量为 Q_0，单位 $kJ/(m^2\cdot yr)$，太阳能热水器热效率为 η_0，并假设每户太阳能集热板面积为 A_0，家庭平均人数为 n，则年家庭人均获得太阳能量(kWh/capita/yr)计算公式为

$$Q_U=Q_0\cdot\eta_0\cdot A_0/(3\,600\cdot n) \tag{3.8}$$

注：此处包含了末端设备的使用效率，计算基准线为用户需求侧。

二、生物质直接燃烧技术

人类自从掌握了火，便开始以生物质作为燃料，直接燃烧是最原始、最

① 罗运俊等. 2005.太阳能利用技术[M].化学工业出版社，11.

实用的利用方式，一直延续到今天。生物质燃料的组分主要为C、O、H、灰分、挥发分，密度一般为0.47～0.64t/m^3。生物质燃料的燃烧过程同样也是强烈的放热化学反应。燃烧是燃料和空气间的传热、传质过程。生物质燃烧过程的计算问题涉及几个参数：①理论/实际空气供给量；②空气过量系数α；③排烟量；④理论燃烧温度。α可采用烟气分析仪测定（α一般为1.7～3.0）。

表3.1　生物质燃料和煤炭在结构特性上的主要差别

燃料种类	C(%)	O(%)	H(%)	灰分(%)	挥发分(%)	密度(t/m^3)
生物质燃料	38～50	30～44	5～6	4～14	65～70	0.47～0.64
煤炭	22～90	3～20	3～5	5～25	7～38	0.8～1.0

虽然生物质能在农村易于获得且经济成本低廉，但由于其直接燃烧设备效率低下，造成了生物质能的极大浪费，而且带来的大气污染严重程度日益凸显，因此，改进生物质能的利用效率、推广新型利用技术势在必行。

三、生物质气化技术

（一）气化的原理

生物质气化是生物质热化学转换的一种技术，基本原理是在不完全燃烧条件下将生物质原料加热，使较高分子量的有机碳氢化合物链裂解，变成较低分子量的CO、H_2、CH_4等可燃性气体，在转换过程中要加气化剂，如空气、氧气或水蒸气，其产品主要指可燃性气体与N_2等的混合气体：CO 22%，H_2 15%，CH_4 2.0%，CO_2 12%，O_2 1.5%，N_2 47.5%，低位发热量约5MJ/m^3，焦油和灰尘含量50～100mg/Nm^3。这种气体目前尚无准确命名，称燃气、可燃气、气化气、生物质燃气的都有，以下称为“秸秆燃气”（straw gas）。

气化炉大体可分为两大类：固定床气化炉和流化床气化炉。固定床气化炉是将切碎的生物质原料由炉子的顶部加料口投入炉中，物料在炉内基本按层次地进行气化反应。生物质将分别通过干燥层、热分解层、氧化层、还原层、灰室，最后变为可燃气和灰渣。国家行业标准规定气化效率 $\eta \geq 70\%$，国内固定床气化炉通常为 70%～75%，流化床气化炉的 η 可达 78%。

生物质气化都要通过气化炉完成，其反应过程很复杂，目前这方面的研究尚不够细致、充分。随着气化炉的类型、工艺流程、反应条件、气化剂的种类、原料的性质和粉碎粒度等条件的不同，其反应过程也不相同。但是，不同条件下生物质气化基本包括以下热化学反应：

$$C+O_2 = CO_2 \tag{3.9}$$

$$CO_2+C = 2CO \tag{3.10}$$

$$2C+O_2 = 2CO \tag{3.11}$$

$$2CO+O_2 = 2CO_2 \tag{3.12}$$

$$H_2O+C = CO+H_2 \tag{3.13}$$

$$2H_2O+C = CO_2+2H_2 \tag{3.14}$$

$$H_2O+CO = CO_2+H_2 \tag{3.15}$$

$$C+2H_2 = CH_4 \tag{3.16}$$

气化需要的实际空气量[①] V_L 用下式计算：

$$V_L = 1/0.21\Phi(1.866[C]+5.55[H]+0.7[S]+0.7[O]) \tag{3.17}$$

其中：V——理论空气量，m^3/kg；

Φ——气化试验比，一般取值 0.25～0.30；

[C]、[H]、[S]、[O]——原料中的碳、氢、硫、氧元素含量，%。

秸秆热解气化过程是在高温和有气化介质(空气、水蒸气)存在的情况下，使农林废弃物料及其他固体生物质燃料变成气体燃料的热化学处理技术，它包括干燥、热解、燃烧和还原一系列复杂反应。在秸秆气化反应炉内，秸秆依次发生干燥、热解、燃烧和还原四个阶段，其中燃烧区放出大量的热量，并为其他三个吸热的物理化学过程的进行提供热量。当原料进入反应炉后首先干燥，随着物料下移，温度不断升高，当温度升高到 200℃ 以上时，

---

① 袁振宏，吴创之等.2005.生物质能资源清洁转化利用技术[M].化学工业出版社，1.

开始发生热解，生成固体焦炭和气体挥发分（包括 CO、CO_2、H_2、CH_4、焦油、木醋酸和热解水等），高温热解气体产物和焦炭在氧化区与氧气发生燃烧反应，所生成的高温气体和高温炭层发生非均相的还原反应，生成含有 CO、CO_2、H_2、CH_4、C_nH_m等成分的可燃气体。

（二）生物质气化产气量计算

生物质原料主要是原木生产及木材加工的残余物、柴薪、农业副产品等，如玉米秸、玉米芯、麦秸、棉秸、稻秸、柴薪、树叶、锯末等，原料来源广泛，廉价易取，它们挥发组分高、灰分少、易裂解，是热化学转换的优良原料，在添入反应炉前，需要进行适当的干燥和机械加工处理。不同生物质气化的产气量计算公式为

$$V_i = G \cdot H_L \cdot \eta / H_m \tag{3.18}$$

其中：H_L——不同原料低热值，MJ/kg；

H_m——燃气热值，一般取 5MJ/m^3；

G——原料产生量，kg；

η——气化效率。

某区气化预测总量则为各种作物秸秆气化量总和，即 $V=\sum V_i$。表 3.2 计算出几种常见生物质燃料在气化效率 72%条件下的产气率。不同地区的农作物区别很大，因此农副产品的种类和产量也有不同，因此秸秆气化的“当地化指数”为年人均秸秆燃气获得量。

表 3.2　　几种生物质燃料的产气率

原料种类	玉米秸	玉米芯	麦秸	棉秸	稻秸	柴薪	树叶	锯末
产气率	2.06	2.24	2.06	2.30	1.89	2.41	2.11	2.39

（三）秸秆气化工程

生物质气化技术，是生物质原料在缺氧状态下燃烧和还原反应的能量转换过程，它可以将固体生物质原料转换成使用方便而且清洁的可燃气体。气化反应所需氧仅为完全燃烧耗氧量的 25%～30%，这些可燃成分包括炭

及挥发分气体 CO、H_2和 CH_4。

秸秆气化技术是近年来发展的一项较新的秸秆利用技术，这种技术使秸秆在作为燃料使用时的热效率大大提高。实施秸秆气化工程，可取代全部薪柴的消耗，用于农村居民的炊事及采暖，也可生产电力。这对减轻环境污染、减少水土流失、保护自然环境有着重要的意义。但这种技术还不成熟、不完善，目前正在不断研究中。秸秆气化集中供气技术是一个村级生物质能源转换系统，包括秸秆气化机组、燃气输配系统、户内燃气系统三部分，以自然村为单元，规模为数十户至数百户农村居民，供气半径在 1km 以内。秸秆气化的效率为 70%～75%，使用燃气的效率可达 50%～60%，因此将秸秆气化后使用总效率可达 35%～45%，而直接燃烧秸秆的炉灶效率最高的也仅有 12%～15%。

(四)集中供气系统

秸秆气化集中供气是在农村的一个村或组建立一个秸秆气化站，并将秸秆气用储气柜储存，通过输气管网向农民集中提供生活用燃气用于炊事，替代常用的薪柴、煤或液化石油气。其模式如图 3.2 所示。

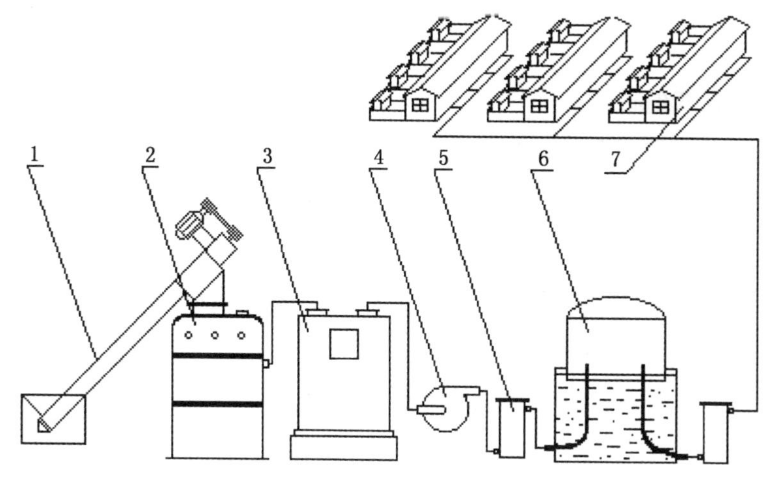

图 3.2 秸秆气化集中供气系统

系统由原料处理设备、进料装置、气化炉、气体净化系统、风机、水封器、储气柜和输气管网组成。秸秆经进料装置送入气化炉，在气化炉内进行气化反应，产出的秸秆气经净化冷却系统除去焦油、灰炭粒等杂质，并冷却至常温，送入储气柜，再由输气管网送到千家万户。当前在国内投入生产和市场运行的生物质气化机组主要存在如下几个问题：①气化炉气化效率低；②CO百分比含量偏高；③燃气低位发热量偏低；④杂质含量高；⑤二次污染问题。目前，国内生物质燃气净化技术系统主要有以下三种：干法净化、干湿法结合净化、湿法净化。

其他还有秸秆气化发电技术。生物质气化发电有内燃机/发电机机组、气轮机/发电机机组、燃气轮机/发电机机组（HATC）三种类型。此外还有燃气轮机/发电机—汽轮机/发电机联合发电系统（IGCC，发电效率为44%～50%）和燃料电池/燃气轮机发电系统（如25kW、50kW、200kW小型发电机组，发电效率为12%～30%；500～5 000kW中型发电机组；大型机组系统效率可达30%～50%）。

四、沼气技术

（一）沼气的性质

沼气是生物质能的一种转化形式。沼气是有机物在隔绝空气和一定的温度、湿度、酸碱度等的条件下，经过沼气细菌的发酵作用产生的一种可燃气体，主要成分是甲烷（CH_4，占总体积的50%～70%），其次是二氧化碳（CO_2，占总体积的25%～45%），还有少量的氧气（O_2）、氢气（H_2）、氮气（N_2）、一氧化碳（CO）和硫化氢（H_2S）。

沼气是一种优质的燃料，热值较高，热效率比较稳定，使用方便，其技术经济性仅次于液化石油气。沼气热值因发酵原料种类不同而异，一般为18.84～25.12MJ/m^3。沼气燃烧后生成的CO_2和H_2O，又可被植物吸收，通过光合作用再生成有机物，因而沼气又是一种可再生能源，同时它也是一种低污染的洁净能源。

(二)发酵过程

各种有机质包括农作物秸秆、人畜粪便以及工农业排放废水中所含的有机物等，在厌氧及其他适宜条件下，通过微生物作用，最终转化为沼气，完成这个复杂的过程，即为沼气发酵。沼气发酵主要分为液化、产酸、产甲烷三个阶段进行。沼气发酵的过程是多种细菌协同完成的微生物学过程，这些微生物类群包括发酵性细菌、产氢产乙酸菌、耗氢产乙酸菌和产甲烷菌。控制好沼气发酵的工艺条件是维持正常发酵产气的关键，包括严格的厌氧环境、8℃～65℃的发酵温度(53℃～55℃时产气速度最快)、优质的发酵原料(有机质含量以化学需氧量 COD 和生化需氧量 BOD_5 来描述)、料液的浓度(夏季为 6%左右，冬季为 8%左右)、适宜的酸碱度(最适宜的 pH 范围是 6.8～7.5)、碳、氮、磷的比例(10 ∶ 4 ∶ 0.8 为宜)、添加剂和抑制剂、发酵初期加入厌氧菌作为接种物，以及适当的搅拌(<0.5m/s)等。在工艺上满足微生物的这些生活条件才能达到发酵快、产气量高的目的。沼气池(或沼气发酵罐)发酵产气的好坏与发酵条件的控制密切相关，在发酵条件比较稳定的情况下产气旺盛，否则产气量较低。实践证明，往往由于某一条件没有控制好而引起整个系统运行失败。因此，控制好沼气发酵的工艺条件是维持正常发酵产气的关键。

(三)沼气池系统

小型沼气池类型包括水压式沼气池、浮罩式沼气池、气袋式沼气池和印度“戈巴”式沼气装置等。沼气输配系统主要由输气管、导气短管、开关、三通、弯头、接头和压力计等组成。大中型沼气工程，是指沼气发酵装置或日产气量应该具有一定规模，即单位发酵容积大于 $50m^3$，或多个单体发酵容积之和大于 $50m^3$，或日产气量大于 $50m^3$ 的，其中某一项达到规定指标即为中型沼气工程。如果单体发酵容积之和大于1 $000m^3$，或日产气量大于1 $000m^3$ 的，其中某一项达到规定指标，即为大型沼气工程。沼气的综合利用除了用于生活燃料、照明，还有气调储藏糖果、沼气灯诱虫养鱼、沼气作内燃机燃料、塑膜大棚蔬菜 CO_2 气体施肥、双燃料内燃机用于小井灌稻、沼气孵禽等。1m³ 沼气燃烧放出的热量，相当于 5.8kWh 电转换成热量的值。沼液和沼渣的综合利用，包括沼液作畜饲料的添加剂，沼液浸种和无土育秧，沼液水稻浸种，沼液的叶面喷肥和根外追肥，沼渣、沼液、施肥改土，沼液沼渣用于池塘养鱼，沼渣栽培蘑菇与养殖蚯蚓等。

(四)沼气池容积的数学模型

科学的数学模型是保证设计准确可靠的前提，分散式沼气池系统采用庭院经济模式的数学模型①②。该模式下沼气池容积 V 可以根据养猪数量和成年人口数量按下式计算：

$$V=\frac{W+8C+1.5Z}{\rho\times 85\%\times 1\ 000}\times 30 \tag{3.19}$$

其中：V——沼气池的容积，m³；

W——日加水量，kg；

C——猪的数量，capita；

Z——家庭人口数量，capita；

ρ——沼液比重，kg/L。

(五)产气量计算

单位质量原料的产气量称为原料产气率，根据不同的情况可分为理论产气率、实验室产气率和生产实际产气率。理论产气率可用原料的化学成分计算，是不变的。实验室产气率可用具体实验来测量，它有一定的变化。生产实际产气率通常是根据大量实际情况来估计或进行实测的。由于沼气发酵原料不可能都被微生物分解，即使是被分解的也不可能都变成沼气，其中一部分会变成微生物菌体，一些又会变成其他产物，因此理论产气量是不可能达到的。对农村原料来说，实际产气量大约能达到理论值的 1/2。某种原料的产气量计算过程：

理论日产气量＝(日排粪量×粪固体含量＋日排尿量×尿固体含量)

① 刘庆玉. 1994. 北方庭院生态模式系统匹配的研究[J]. 沈阳农业大学学报，25(2)：221—223.

② 王学涛. 2002. 新型高效户用沼气发酵装置试验研究[D]. 河南农业大学硕士论文，1.

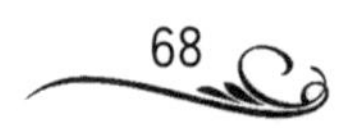

$$\times 实验室产气率 \tag{3.20}$$

$$实际日产气量 = (日排粪量 \times 粪固体含量 + 日排尿量 \times 尿固体含量) \times 实际产气率 \tag{3.21}$$

下面提供几种原料的生产量和产气率①。

表 3.3　　沼气原料生产

原料来源	日排粪量	日排尿量
牛(500kg)	34.00	34.00
猪(50kg)	5.00	15.00
羊	2.00	2.00
鸡	0.13	0.13
人	0.50	1.00

表 3.4　　沼气原料固体含量、实验室产气率、生产实际产气率估计

原料种类	固体含量	实验室产气率	实际产气率
牛粪	14%	0.40	0.30
猪粪	19%	0.45	0.35
羊粪	19%	0.40	0.24
鸡粪	70%	0.49	0.37
人粪	19%	0.50	0.35
秸秆	85%	0.45	0.30

沼气作为一种可再生洁净能源可以改善农村能源结构，减少农村薪材需求量，有利于封山育林。以沼气为纽带，把种养业和种植业结合起来，可以实现农业资源的多层次利用和良性循环，实施有特色的生态农业工程。沼气厌氧发酵是解决农业面源污染的有效方法，发展沼气对确保农村社会经济可持续发展有重要意义。不同地区的农作物、畜牧业种类区别很大，因此沼气原料的产量也不同，沼气的“当地化指数”为年人均沼气获得量。

① 杨林.2004.“生态循环温室”能源综合利用的可行性分析[D].同济大学硕士论文，3.

第三节　能量平衡分析

为了科学地利用农村当地资源，在进行能源规划之前，首先要对能源需求—供应系统优化体系进行合理配置，即进行“能量平衡分析”。第一，对生活用能需求侧进行分析，负荷统计方法有“实地调研”和“软件模拟分析”等；第二，根据当地清洁能源及可再生能源供应系统技术做出先进性选择，确定可获得的能量是否能够形成供应链条，以满足需求，可根据能源技术转换效率进行预测，估算方法参考本章第二节。“能量平衡分析”为提出合理的能源供应方案奠定了理论和数据基础。

我国太阳能资源十分丰富，根据调研提供的资料，E 村处太阳能资源较丰富带(Ⅱ类地区)，年平均日照时数3 100小时，平均太阳能辐射量6 270kJ/m^2；其他村镇均属太阳能资源一般带(Ⅲ类地区)，年平均日照时数2 600小时，年平均太阳能辐射量6 270kJ/m^2。A、E 村的粮棉秸秆产量较大，因此可考虑利用秸秆气化技术。B、C、D 村所处地带具有中温地热资源，并已开发供当地居民生活热水；H 镇地处我国东部沿海地带，年均风速为每秒 6.7 米，属于风能资源丰富区。

根据粪便量、秸秆量和太阳能辐射量，对 10 个村镇分别进行了沼气、秸秆气和太阳能量的预测分析。其中，生物质能潜力可根据当地农作物种植情况(产秸秆量)、牲畜养殖情况(产粪量、秸秆量)估算，分别得到预期产秸秆气量(m^3/capita/yr)、预期产沼气量(m^3/capita/d)；太阳能潜力根据该村镇所处太阳能资源带进行估算，已知太阳能热水器热效率 $\eta=58\%$，并假设每户太阳能集热板面积 $A=2\text{m}^2$，可得到预期太阳能得热量(kWh/capita/yr)，结果如图 3.3 所示。注意：这里能量需求和能量供应全部结果都折算到“管网后末端设备前”的基准线。

若按完全满足原则，由图 3.3 所示，多曲线图的大部分曲线位于黑线以上，说明大部分村镇的当地资源是可以满足能源需求的。村镇人均预期太

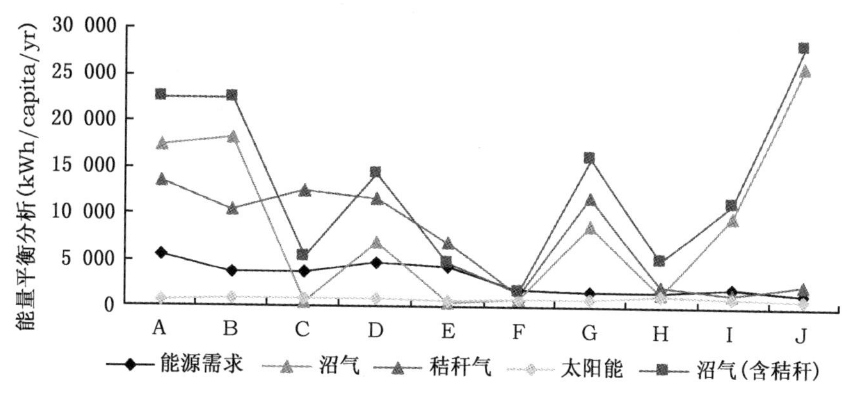

图 3.3　能量平衡分析结果

阳能得热量均在 600kWh/yr 以上，由于 H 村每户人口较少，因此人均太阳能得热量(1 180kWh/yr)位居第一，但不能满足能源总需求(黑线表示)。E 村人畜粪便资源较贫乏，但加上秸秆资源，该村沼气资源即可满足能源需求。F 村、H 村的三种资源都较为贫乏，不能逐一满足当地农民能源需求，但仍然可以考虑将几种资源综合利用，以减少供电压力。

第四节　村镇能源方案的先进性选择

如图 3.1 所示，能源供应系统包括能源开采、生产、输配、使用末端四个阶段。村镇能源系统根据末端使用种类的不同又可分为冬季供暖、夏季制冷、生活用电、炊事、生活热水。根据能量平衡分析和因素影响分析可知，冬季供暖是所有能耗中耗能最高、影响最大的，下面主要提及从末端方式到整个系统的、适应村镇供热系统的先进性技术及方案设计，此系统已申请国家发明专利①。

① 张旭，王婧. 2007. 低温热水盘管炕辐射采暖系统[P].中国，专利号：200610025526.0.

一、供热系统

一般来说，供热系统就是由热媒制备（热源）、热媒输配、热媒利用（散热设备）三个主要环节组成的整体。不同的供热方式三者的相互位置和组合形式是不同的，根据供热系统规模和热源位置的不同，把现在比较普遍的供热方式分为城市集中供热、区域供热、楼宇式供热、户内供热、末端供热五类。目前村镇民用供热方式主要为户内供热。该方式以住户为供热对象，热源位于室内，其主要的供热环节有户内热源和末端散热设备。末端散热设备主要为散热器、热水辐射地板或火炕。

（一）火炕

火炕是起源于中国的一种古老的采暖方式，有学者认为，火炕是女真民居的建筑风俗，清代后开始在民间延续至今。从温感生理学的角度研究表明，8～13μm 范围的远红外线，只是刺激皮肤表面内部 2mm 处（称为敏温点）的穴位，而使人们感到温和的体感。

一般辐射采暖的房间室内温度可以均匀一致地维持在 14℃～18℃，并可以保持由地面到天棚，空气温度在垂直方向的分布几乎不变。另外，由于没有对流式采暖方式的空气扰动带来的不快，人们会感到很舒适。由于人们对于采暖的要求不仅是空气温度，而是温度和辐射刺激的综合效果，因此如果达到同样的体感效果，有辐射采暖时设计室内计算温度可比没有辐射采暖的设计室内计算温度低，从而达到节能的效果。通过 Airpak 软件进行数值模拟可以计算炕的表面温度为 45℃的情况下，房间内的温度及其分布和 PMV 分布，验证火炕供暖是否能满足冬季采暖要求。

模拟结果分析①：地面附近的温度在 12℃左右，在 1m 高处的温度为 14℃左右，在 1.5m 高处的温度为 15℃左右。炕的正上方温度比较高，与实际情况相符。根据当地居民着装习惯，服装热阻（clothing value）取 1.4clo

① 王婧. 2005.严寒地区城镇典型居住建筑围护结构的生命周期评价[D]. 同济大学硕士论文，3.

(1clo=0.155m^2K/W),则地面附近的 PMV 值在−0.3 左右,在 1m 高处的 PMV 值在 0 左右,在 1.5m 高处的 PMV 值在 0 左右。在靠近热源的地方 PMV 值比较高,在 0.6 左右,此处按照轻微活动时人员的舒适性进行计算;如取坐姿,房间内的 PMV 值在−0.6 左右,地面处达到−1,与实际的情况也较接近。

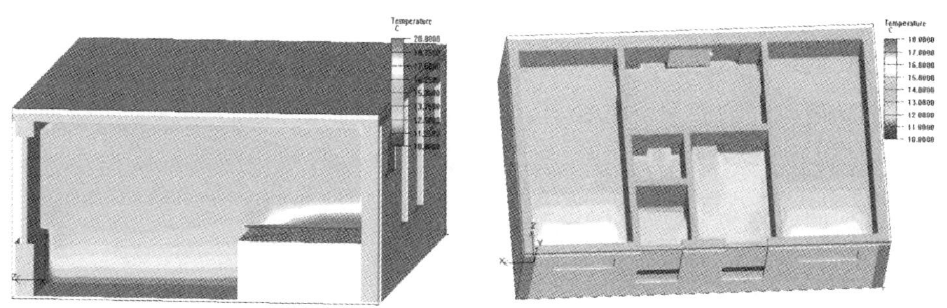

图 3.4　室内断面和 1.5m 处平面温度分布

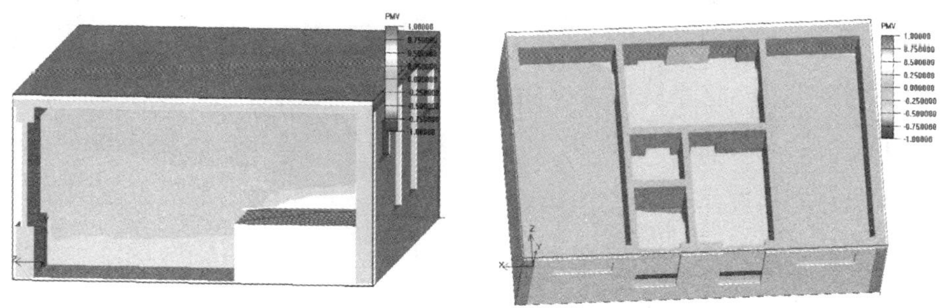

图 3.5　室内断面和 1.5m 处平面 PMV 分布

最新的标准(GB50019−2003《采暖通风与空气调节设计规范》规定其值宜为:−1≤PMV≤+1)中规定 PMV 的取值范围在−1~1 之间,该模拟结果符合标准。通过模拟可知,在火炕表面温度 45℃时,房间内的温度分布和 PMV 分布可以满足标准的要求。

(二)地板辐射采暖

低温地板辐射采暖通常称地板采暖，是一种低温热媒供暖，将交联聚乙烯管作为热水管道敷设在地面内，下面铺设一层复合铝箔反射和穿透地面保护层的采暖系统，故称为地板辐射采暖系统。该系统低温供暖，可利用低温余热水，充分利用各种热源。在室内热环境同等条件下，采用低温辐射供暖的房间设计温度可以比对流供暖时低 3℃左右，从而可以节约供暖能耗。由于有热辐射和温度的双重作用，造成真正符合人体舒适要求的热环境，因此能够满足人们的心理卫生要求。温度均匀，以辐射散热为主，不使污浊空气对流，使卫生条件得到明显改善。根据资料显示，地板内部温度沿水平方向呈二次曲线分布，且覆盖厚度越大，t 分布越平缓、均匀。

(三)低温热水盘管炕辐射采暖系统

A 村和 E 村镇分属严寒和寒冷地区，但是当地村民长期习惯采用炕采暖的供热模式，因此提出“盘管上炕”的复合式供热方式。“低温热水盘管炕辐射采暖系统”包括与建筑为一体的结构——炕(包括内置烟道系统)、辐射供暖热水盘管、室内循环小水泵、分水器、集水器、膨胀水箱、排气阀、温控阀和家用燃气锅炉，该系统结合了热水采暖系统洁净室内环境的优势以及传统的炕低温辐射采暖的节能优势，无论采用集中供热系统还是分散供热系统，皆可达到热源选择的多元化，同时可与厨房排烟余热采暖系统灵活结合，既保证了冬季采暖舒适要求，又保持了东北小城镇居民的传统生活习惯，同时达到了节能和环保的效果，适应了可持续发展的要求。

低温热水盘管炕辐射采暖系统包括与建筑为一体的炕(1)、固定在炕上的辐射供暖热水盘管(2)、室内循环小水泵(6)、分水器(3)、集水器(4)、膨胀水箱(14)、排气阀(13)、温控阀(7)和家用燃气锅炉(5)，其中炕的结构层上铺有复合铝箔，再上面是固定的辐射供暖热水盘管，炕的表面浇筑细石混凝土保护层。炕结构层中间设一个夹层——横截面为矩形的烟道(15)，夹层下部设阻燃型保温板；烟道一端通厨房排烟口，一端通屋顶烟囱。辐射供暖热水管道可采用交联聚乙烯管材(PEX)，系统最高点设排气阀(13)，入口设

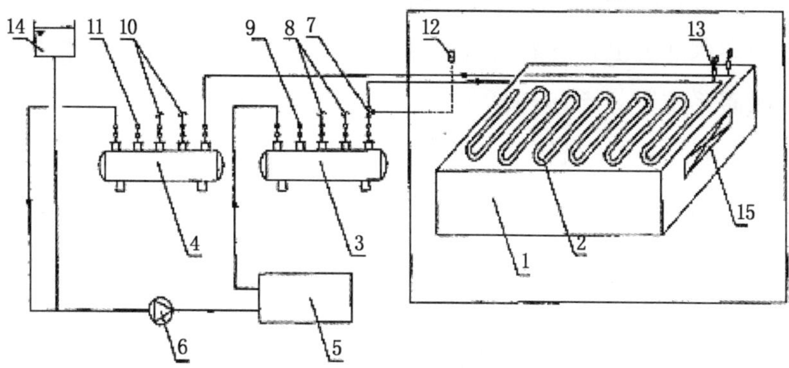

图 3.6　低温热水盘管炕辐射采暖系统

置温控阀(7),温控阀上连有温度传感器(12)以便控制温度。

通过实际测试[①],结合新型生态建筑材料,可知该采暖系统可以使得室内温度达到 13.2℃～14.4℃,相对湿度 44.3%,综合温度可达 16℃;用户单元供热面积热指标可达 31.25W/m^2,仅为住宅设计标准的 35.5%,适用于北方采暖地区的村镇。

二、集中供气分散供热系统

现有的低温热水地板辐射采暖技术都已发展得很成熟,并由于具有很好的热舒适性,得到了广泛的应用。目前,国内外大部分低温热水地板辐射采暖系统采用电热水器和燃气热水器或燃油热水器作为热源。但是,对北方城镇和农村居民的生活水平而言,由于电能和油以及燃气的价格较高,所以以电、燃气或燃油热水器作为热源的低温地板辐射采暖系统,在我国北方城镇和农村地区应用较少。而集中秸秆制气分户供暖系统既经济又舒适,是我国北方城镇和农村地区冬季采暖系统的上佳选择。但是,秸秆气主要成分是 CO,而 CO 由于具有热值低和毒性,原来不属于城市燃气,所以集中

① 张旭,王婧. 2006. 村镇水质安全保障技术研究与示范——村镇能源的供应系统与建筑室内热环境控制及优化研究报告[R]. 同济大学.

秸秆制气分户供暖系统相关技术具有针对性。

针对我国北方城镇和农村地区，提出一种比较经济适用的“集中秸秆制气分户供暖系统”①。系统包括依次连接并形成回路的秸秆气采暖热水器、分水器、辐射供暖热水盘管、集水器、室内循环水泵，其中室内循环水泵入口处设定压膨胀水箱，系统最高点设自动排气阀。为方便控制室内温度，保证室内的舒适性，在辐射供暖热水盘管的入口设置带有温度感应器的流量调节装置。在分水器上还可设置生活热水出口和在集水器上设置生活热水回水口，可同时提供生活热水。秸秆气供暖热水器，包括燃烧器等，燃烧器的喷嘴孔径为1～3.5mm，喷嘴数量为8～30只，燃烧器可以设置为单排或双排。燃烧器设置有回火装置。低热值秸秆气供暖热水器，采用低热值秸秆气（热值为5～6MJ/m^3）燃烧，出水温度在30℃～80℃之间，盘管可用无缝钢管或铜管制作。低热值秸秆气供暖热水器包括主热交换器、燃烧器、电离电极、点火电极、水力调节阀、循环泵、膨胀水箱、生活热水热交换器、秸秆气入口、三通阀、风机等。各个装置的结构以及连接关系与常规的热水器相同，额定功率为12kW，采用强制排气式，具有熄火、断水、过压、防冻结四种安全保护装置。

由于低热值秸秆气的价格低廉，故采用秸秆气供暖热水器进行采暖具有经济性、舒适性、环保、节能的特点，可广泛应用于我国北方城镇和农村地区民用建筑的冬季采暖系统，符合我国北方地区村镇经济水平，具有巨大的市场潜力。

三、村镇能源系统方案的提出

根据《我国建筑气候区划标准》（GB50178-93），选取了严寒地区和寒冷地区的A、D、E三个典型村镇为研究对象。此地区资源条件、生态环境、生产力水平和人口密度等方面的情况具有普遍性，既不同于华东沿海经济发

① 张旭，李峥嵘，傅允准.2007.集中秸秆制气分户供暖系统[P].中国，专利号：200610025809.5.

达、乡镇企业高度发展的村镇，也不同于西部经济欠发达、生产力和生活水平相对落后地区的村镇，接近全国平均水平。因此，以该地区为对象来研究中国村镇的可持续发展模式，所形成的经验应当会有较好的推广性和较广泛的现实意义。并且，由图 2.8 可以看出，夏热冬冷地区的人均能源消耗总量相对很小，且无供热需求，因此选取 A、D、E 人均能源消耗总量较大的村镇作为案例研究对象。

由于目前太阳能光电技术的成本过高，光热技术应用主要集中在太阳能热水器方面。由能量平衡分析可知，在以供热模式为主的 A、D、E 三个北方村镇，太阳能的可得量较少，不足以供应冬季采暖需求；生活热水需求量的比例很小，分别占总能耗的 0.5%、2.0%、2.4%(见图 3.7)。不同于城市生活能源系统，在经济水平一般的村镇地区，增加这一部分投资显然不能适应目前实际情况，因此在设计能源系统方案组合时，暂时不考虑太阳能的使用。

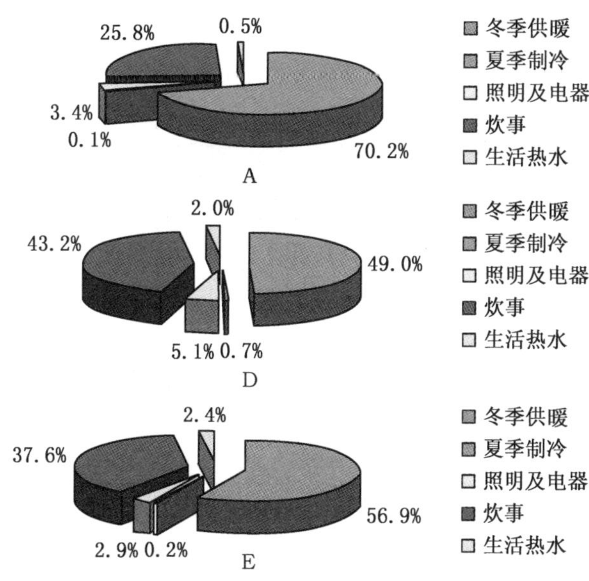

图 3.7 A、D、E 村能源消费比例

若根据当地村镇能源需求特点和居民生活习惯设置简化条件:①假设该地区炊事和热水采用相同末端设备,可将炊事与生活热水合并为炊事一项;②假设该地区夏季空调系统采用相同 COP 值,可将夏季空调与照明及电器用电合并为生活用电一项。根据目前村镇能源系统现状和当地资源调研结果,提出 12 种能源系统比较方案(见表 3.5)。

其中,A_0、D_0、E_0为该村镇当前采用的初始能源系统方案;其余为根据当地资源特征优先选择的可持续能源系统规划方案。下一步工作是以此能源方案组合为研究对象,基于清单分析对村镇的能源系统进行生命周期评价。

表 3.5　村镇能源系统方案组合

村镇	方案标号	能源系统方案				
		冬季供暖		炊事		生活用电
		能源种类	采暖系统	能源种类	炊事系统	电力来源
A	A0	煤	炕烟气辐射	煤	煤炉	市政电力
	A1	秸秆	燃气锅炉与炕盘管辐射	煤	煤炉	市政电力
	A2	秸秆气	燃气锅炉与炕盘管辐射	秸秆气	燃气灶	市政电力
	A3	沼气	燃气锅炉与炕盘管辐射	沼气	燃气灶	市政电力
D	D0	煤	热水锅炉与散热器	LPG	燃气灶	市政电力
	D1	秸秆	热水锅炉与散热器	秸秆	地锅	市政电力
	D2	秸秆气	燃气锅炉与盘管辐射	秸秆气	燃气灶	市政电力
	D3	沼气	燃气锅炉与盘管辐射	沼气	燃气灶	市政电力
E	E0	秸秆	炕烟气辐射	秸秆	地锅	市政电力
	E1	秸秆	炕烟气辐射	LPG	燃气灶	市政电力
	E2	秸秆气	燃气锅炉与炕盘管辐射	秸秆气	燃气灶	市政电力
	E3	沼气	燃气锅炉与炕盘管辐射	沼气	燃气灶	市政电力

第五节　本章内容小结

(1)虽然生物质能在农村易于获得,且经济成本低廉,但由于其直接燃

烧设备效率低下，造成了生物质能的极大浪费，而且带来的大气污染严重程度日益凸显，因此改进生物质能的利用效率，推广新型利用技术势在必行。提出“盘管上炕”末端采暖方式，通过软件模拟和实际测试，低温热水炕辐射采暖系统可以使得室内温度达到13.2℃～14.4℃，相对湿度44.3%，综合温度可达16℃；用户单元供热指标可达31.25W/m^2，仅为住宅设计面积热指标的35.5%，适用于北方采暖地区的村镇。

(2)资源的当地化是能源系统低成本的必要条件。能量平衡分析是能源规划的前提条件。村镇的能源转换技术包括沼气技术、沼气发电技术、秸秆气化技术、秸秆发电技术、太阳能集热技术、太阳能光伏发电技术、地源热泵技术(土壤源、水源)、小水电技术和风力发电技术等。“资源当地化”是指因地制宜，利用地方优势资源，节约购置、交通运输消耗及费用，以降低建设成本，达到节能减排的目的。太阳能、秸秆气化、沼气的“当地化指数”分别为年人均太阳能获得量、年人均秸秆燃气获得量、年人均沼气获得量。通过能量平衡分析可知，大部分村镇的当地资源是可以满足能源需求的。村镇人均预期太阳能得热量均在600kWh/yr以上，由于H村每户人口较少，因此人均太阳能得热量位居第一，但不能满足能源总需求。F村、H村的三种资源都较为贫乏，不能逐一满足当地农民能源需求，但仍然可以考虑将几种资源综合利用，以减少供电压力。提出12种能源供应方案，为LCA评价提供了研究对象。

第四章

村镇能源系统生命周期评价及案例研究

一、研究内容

①能源上游阶段(生产、开采、运输、分配等阶段)清单分析。本章将在已有清单模型研究的基础上进行改进,提出一种新的能源上游清单模型及算法,环境负荷因子的清单结果因此可以追溯到最终端。能源上游清单分析的迭代计算中不但包括能源开采、生产阶段,还包括运输以及输配等阶段的能耗及环境排放,为能源下游分析乃至整个能源系统的生命周期分析搭建了牢固的基础平台。能源生命周期分析模型包含生命过程部分和高阶循环部分两个层次。②能源使用阶段(考虑建筑采暖、炊事、生活用电、生活热水、空调和其他能耗)清单分析。建立了使用阶段清单分析数学模型,并与上游阶段程序耦合得到整个能源系统生命周期分析模型。③对三个典型村镇的 12 个能源方案进行了案例分析,得到了各能源方案不同阶段的生命周期能耗、环境排放指标。④生命周期环境影响评价及结果解释。虽然本研究的重点在于得到生命周期环境排放的清单数据,并结合环境价格理论得出不同能源方案的环境代价,但是为了保证生命周期评价的完整性,本章将基于已有方法对清单结果做简单的影响评价及解释,而对环境影响评价方法不做深入探讨。

二、主要难点

①熟悉并掌握复杂的 LCA 方法论。②LCI 清单数据涉猎范围广，难以获取，需查阅大量多知识领域的文献资料，包括熟悉能源生产流程（煤、油、气、电等），以获得能源生产过程中的能耗及其分配比例（能源结构）和设备环境排放数据。③基于 BESLCI① 软件对能源系统上游阶段清单模型进行改进，获得新的清单分析模型；建立使用阶段的能源系统清单分析模型。④根据各个村镇不同的能源特点对能源供应方案做出先进性选择，基于 Microsoft Excel平台编程计算，获得各种能源组合方案生命周期能耗及环境排放。⑤生命周期环境影响评价方法的确定。

第一节　评价目标和范围的确定

LCA 的第一步就是要确定研究目的并界定研究范围。确定目的和范围的重要性在于它决定为何要进行某项 LCA（包括对其结果的应用意图），并表述所要研究的系统和数据类型。研究目的、范围和应用意图涉及研究的地域广度、时间跨度和所需数据的质量等因素，它们将影响研究的方向和深度。开展清单分析或进行全面生命周期评价研究，一般是针对具体的问题而进行的，因而问题的性质常常决定了研究的目的和范围。

一、确定评价目的

在 LCA 研究的起步阶段，明确研究目的是很重要的。研究目的应表述清楚根据研究结果将做出什么决定、需要哪些信息、研究的详细程度及动机。一般而言，LCA 研究的目的主要有以下三个方面：①产品制造商通过对产品进行 LCA，利用其结果进行市场宣传，使产品更具竞争力。②通过

---

① 黄志甲.2003.建筑物能量系统生命周期评价模型与案例研究[D].同济大学博士论文，9.

LCA研究产品全生命周期各阶段的环境性能和消耗，找出改进产品的方向，并为将来开发新产品的设计提供理论依据。③为找出某类产品对环境影响最大或较大的一些阶段或因素，政府部门会对该类产品进行研究，LCA为产品生态标志标准或有关的环境政策或法规的制定提供理论依据[①]。

LCA的研究对象为“能源系统”，定义为由能源伊始至终端的整个能流系统（无论能源处于何种物理状态），不包括能源生产、运输、输配、使用过程中涉及的设备或管道其生产和废弃过程中造成的环境负荷，这部分经济成本将在造价分析中体现。根据各个地区村镇不同的能耗现状和资源特征，设计了几种能源系统组合方案，详见第三章第四节。本章研究目的之一是依据生命周期清单分析的环境输出，为村镇能源系统的低成本整合提供环境成本部分的数据支撑；目的之二是在保护地球自然资源和生态环境的背景下，生命周期影响评价的结果可为将来的村镇能源规划提供一个发展方向；目的之三是建立村镇能源系统的生命周期评价体系，为政府部门制定政策或相关标准提供理论基础。

二、确定评价的范围

研究范围的确定应保证满足研究目的，包括定义所研究的系统，确定系统边界、功能单位、数据要求，并指出环境影响类型、主要假设、限制条件及结果评价类型等。通常LCA过程需要大量的数据，但在一个时段内获取所有数据难度相当大，因此用某一时段或地区收集到的数据来代替另一时段或地区在某些情况下是可行的，不过需要考虑所收集的数据的实效性和在不同的时段或地区内是否仍具代表性。

（一）确定评价系统的边界

清单分析中，所有产品都需要作为一个系统来描述，这个系统就是产品生命周期系统。它包括从原材料采掘到产品最终报废又回到自然的整个生

① ISO14041. 1998.Environmental Management—Life Cycle Assessment-Goal and Scope Definition and Inventory Analysis[S].

命周期过程，系统边界一旦确定，亦即确定了在评价中要考虑的工艺过程、系统的输入和输出等[①]。系统边界的划分可以根据研究的需要，也可以根据数据的可得性等因素来确定，因此是一个带有主观性的过程。

（1）生命周期边界，即研究所包括的生命周期阶段，如研究全部生命周期阶段还是一些主要的阶段。根据能源系统本身的特点，其生命周期的系统边界定义为：能源上游阶段（包括资源开采阶段、运输/输配阶段、能源生产阶段）和能源下游阶段（能源使用和维护阶段与能源处理回收阶段）。由于能源本身为消耗即逝的产品，且生活用废热一般为低品位热量，基本无法实现回收利用，因此此处不考虑能源的处理回收阶段。其他每个阶段都涉及能源消耗和环境排放，并涵盖其高阶消耗及排放。

（2）时间边界，即整个生命周期系统运行和数据收集的时间范围，如产品寿命、工艺的时间尺度及影响。数据收集的时间以 2005 年以后为准，但由于数据收集的量很大，难以保证数据的时间边界完全一致，所以数据不可得时采用其他年份。清单模型分析中能源系统寿命统一为 15 年。从原料开采、生产、运输、使用的各个生命周期阶段分析能耗和环境排放，以避免传统的末端污染治理和污染转移。

（3）地理边界，即研究限定的地理范围，如省、国家、区域或全球等。选择我国北方温带大陆性季风气候地区［跨严寒地区和寒冷地区，《建筑气候区划标准》(GB50178-93)，如图 4.1 中矩形框所示］为本课题研究的地理范围。

严寒地区和寒冷地区共同的气候特征是冬季气温低、时间长，采暖度日数较大，但冬季日照时间也相对较长，日照百分率比较高。改善建筑物室内环境的手段主要为供暖。煤、油、天然气、电力等公共能源生产、运输地理边界定义在中国大陆；秸秆气化、沼气等当地资源的生产、运输、输配的地理边界定义在本村。

---

① 王寿兵，胡聃，吴千红. 1999.生命周期评价及其在环境管理中的应用[J].中国环境科学，1(1)：77—80.

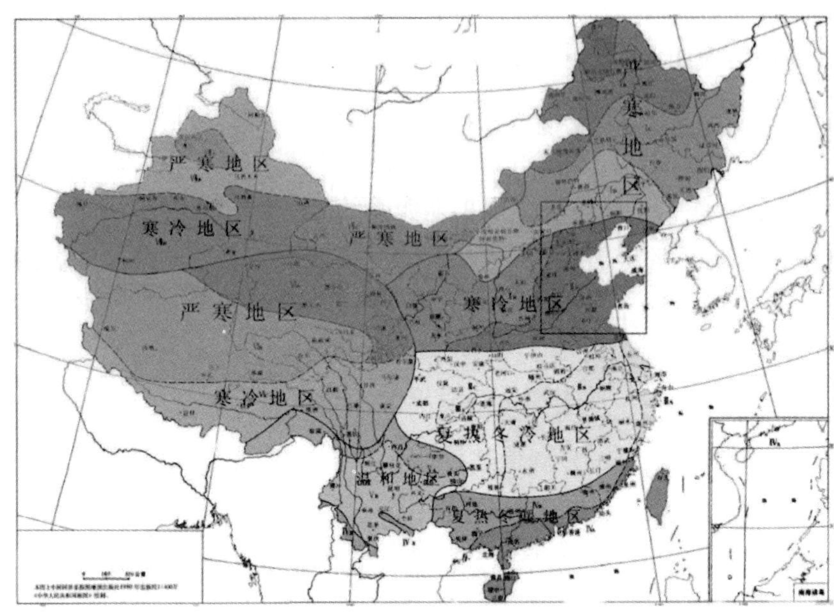

图 4.1 LCA 系统的地理边界

(4)技术圈边界，即研究中所涉及的工艺技术水平。如采用的是最佳可得技术、最佳可避免技术还是现有平均技术水平等，同样对数据收集、结果的适用范围等有重要意义。技术边界的定义与独立能源体系不同，如果某一区域采用公共能源体系(如市政电网、煤)时，其技术水平要采用全国平均水平。因此，能源上游阶段(包括能源开采、生产、运输阶段)的清单通过调查厂家、查阅工业年鉴等资料所得到的原始数据主要建立在国内平均水平之上；可再生能源生产阶段的能耗皆为单条生产线水平。对国内没有的数据参考国外数据。

(5)生物圈边界，即考虑的环境介质范围，如大气、水体、土壤、地下水、生物群等。显而易见，该过程具有一定的主观性，于是在确定边界的过程中相关假设条件必须保证是透明的，必须清楚描述选择输入和输出数据的依据。对生命周期阶段，工艺过程或数据要求方面的任何省略，都必须予以清楚的陈述和说明理由。总之，设定系统边界的最高准则是不降低研究结果的可信度，同时又能达到预定的研究目标。生物圈边界主要考虑生命周期过程中资源耗竭（化石能源耗竭）及大气排放影响。

（二）确定产品系统的功能单位

在确定研究范围时，需要对产品系统的功能进行清楚定义，由此衍生出“功能单位”的概念。功能单位是对系统功能的测量单位，必须是明确规定并且可测量的、与输入和输出数据有关。功能单位的确定是整个 LCA 的基石，因为功能单位决定了对产品进行比较的尺度，只有采用相同的功能单位才具有可比性。在清单分析过程中收集的所有数据都必须换算为功能单位。建立功能单位的主要目的在于对产品系统的输入和输出进行标准化，因而需要明确定义功能单位，并且要可测量。在定义功能单位时需要考虑三方面因素：产品的效率，产品的使用期，产品质量标准。一旦确定了功能单位，就须确定实现相应功能所需的产品数量，此量化结果即为基准流。基准流主要用于表征系统的输入与输出。系统间的比较必须基于同样的功能，以对相同功能单位所对应的基准流的形式加以量化。

从能源系统生命周期的角度出发，能源上游阶段的评价参数为生产 1GJ 能源消耗的能源量和向环境排放的污染物量，所以功能单位为 GJ，能耗和环排的基准流分别为 MJ/GJ 和 g/GJ；能源使用阶段以人均使用的能源量为基准，所以功能单位为个人（capita），能耗和环排的基准流分别为 MJ/capita，g/capita。

（三）数据要求

（1）确定原始数据质量要求。数据质量决定了最终对 LCA 研究结果的质量。数据质量主要涉及时间跨度、空间范围和技术覆盖面。对实测数据和文献数据来源应给予明确说明。实测数据应具有一定的代表性，能反映系统中的主要能流和物流。数据质量考虑的主要因素为：①准确性，即每种数据类型数值的变异度。②完整性，即在每一个工艺过程中，所获数据占用潜在可获得数据的比例。③代表性，即所采用的数据是否能够比较准确地反映系统的特征。④相容性，即定性评价所采用的方法是否具有一致性。

⑤可重复性，即其他 LCA 从业者是否可根据所报告的数据和方法得出相同的研究结果。

（2）确定数据分配。当无法直接得到清单分析所需数据时，常涉及数据分配问题，一般按如下原则处理数据分配问题：①应设法避免或减少出现分配；②不得不进行分配时，使用能反映其物理关系的方式来进行分配；③当物理关系不能确定或不能用作分配依据时，可用其经济关系来进行分配，如产品产值、利润比率关系等。也可人为确定一个分配系数，往往这种方法能基本保证关键信息不丢失。

（四）主要假设

（1）由于清单分析中对电力的生产根据发电结构进行了分项计算，因此生命周期评价中的终端能源都按当量热计算。

（2）由于锅炉对煤质有一定要求，不同的锅炉设计（如民用锅炉、工业锅炉）要针对不同的煤质，假设同一种热值煤（采用原煤）用于不同的燃烧设备。

（3）环境影响类型，大气排放主要考虑温室气体、可吸入颗粒物、酸化气体、光化学烟雾排放等。还有其他如限制条件、结果评价类型等，具体假设将在各个步骤中一一分析注解。

第二节　生命周期清单分析

一、概述

如果说研究目的与范围的确定为开展 LCA 研究提供了一个初步计划，生命周期清单分析（LCIA）则涉及大量数据的收集和计算程序。它是指在所确定的范围内对产品（也包括服务）系统生命周期过程的输入（资源消耗）和输出（环境排放）进行数据量化和分析。如资源开采及能源生产、运输、使用等过程，对能耗和环排进行量化，对收集的数据进行数据分配、质量检验和敏感性分析，并制定出一个清单表，提供详细的分析资料，包括清单分析地域、数据类型、数据收集和使用的方法、数据模型化方法及结果的表述方法[①]。其核心是建立以产品功能单位表达的产品系统的输入和输出，这种输入和输出是一种相对量，而不是绝对量。它是 LCA 中最基础、最繁杂也是最重要的技术环节。同时，清单分析也是影响评价阶段的基础。

(一)清单数据收集

数据收集是一个反复的过程，有可能会多次深入到清单分析的各步，直到结果适合于研究范围和目标为止。因为要处理众多工艺过程，每个工艺过程都可能涉及许多项目，合适的数据一时也不易获得，需涉及公司外的企业，所以要充分利用公共信息，如正式出版的文献或其他研究论文，各类统计年鉴、报表等，环境数据手册，百科全书，工厂内部技术交流资料，制造商协会和实际的或潜在的供应商提供的资料，其他已完成的生命周期评价或公开的数据库。根据各单元过程的输入和输出数据种类及关系可结合研究的目的与范围制作一套数据收集表格，如常规信息表、系统输入和输出数据表、运输数据表等。收集数据的内容包括[②]：

(1)原材料采掘与生产。产品制造所用原材料一般是通过市场直接购得的。其环境性能由社会生产的总体水平决定，因此应以社会生产的平均水平作为清单分析的数据来源。但这些数据并未以清单分析所需形式给出，因此还要进行计算处理。一般处理方法有三种：①产值污染系数法，即用行业的产值排放系数(如万元产值废水排放量)根据企业单位产品所消耗的原材料成本进行单位产品的原材料加工、生产阶段的污染计算。这是一种简单而粗糙的计算方法，统计资料均从全国典型企业的典型工艺中获得，能体现社会生产的平均水平。②产量污染系数，即用行业的产量污染系数(污染排放量/单位产量)进行污染计算。该法不受市场价格差别和波动的影响，较易实施。③行业污染系数法。各行业的典型排污数据可以代表全

① 席德立，彭小燕. 1997.LCA 中清单分析数据的获得[J].环境科学，18(5)：84－87.

② 李蓓蓓. 2002.生命周期评价——清单分析方法探讨[J].上海环境科学，21(5)：308－310.

行业实际的污染排放水平。这些数据比较规范，避免了不同行业、产品间的模糊对比，具有较好的确定性。同样，根据材料的资源消耗系数(资源、能源)，也可获得产品的资源消耗清单数据。这一系数可从行业统计资料中获得。

(2)产品生产/制造数据。产品生产/制造数据是清单分析中难度最大也是最重要的一部分。借助于企业生产流程图，将产品的整个生产过程划分为若干个相互联系的单元过程。根据预先设定的数据调查表格，对每一个单元过程输入输出的各种物质、能源和环境排放数据进行收集(数据来源于企业的年度统计报表、环境监测报告、物料供应定额等)、计算(如进行数据分配等)，然后再按功能单位进行换算，即可获得该单元过程的清单数据。最后将所有单元的清单数据进行分类汇总，得到该产品生产阶段的清单数据。单元过程的输入基本流是矿产、煤、原油等自然资源。输出基本流就是“三废”排放、噪声、辐射污染等。而中间品则是辅助材料或零部件等。

(3)产品运输数据。运输清单数据如运输工具、燃料消耗、水消耗、平均运输距离、装载率等。根据实测或相关资料可得各种运输工具的排放系数，这样根据收集的数据和定义的功能单位，即可计算得到有关的污染排放清单数据。对运输过程中特别污染的产品如恶臭、渗漏等则必须加以特别考虑。

(4)产品使用阶段数据。产品使用清单的数据通过产品设计资料、国家规定的产品报废标准及社会调查、实际检测等渠道获得。如主要用途、使用年限、寿命期内能量物质消耗情况(如供暖使用能耗)、回收再利用情况、回收次数。根据这些数据通过计算就可初步得出使用期的清单数据。

(5)产品废弃后的数据收集。产品报废后数据主要通过社会调查获得，涉及数据有：①焚烧量。焚烧过程污染物排放量(烟道气、飞灰、废水等)。②回收的热量。热量若用于发电，表达为负值，表明该产品生命周期总能耗的减少。③填埋量、填埋占地、填埋后污染物排放(包括废气如 CH_4、CO_2 等，废水如滤液、重金属、富氧因子等)。④回收利用这些报废产品而增加或减少的原材料、能源消耗和环境排放数据。如果环境负载是减少的，则在清单分析中作负值；反之为正值。

清单分析数据是针对每一个单元过程进行收集的，而最终单元过程是采用功能单位来进行描述的，因此整个产品系统最终的环境交换总是表达为每个功能单位的终端交换量(包括输入和输出)，通常采用下式计算：

$$Q_i = T \times \sum_{up} Q_{i,up} + \frac{T}{L} \times \sum_{p} Q_{i,p} \tag{4.1}$$

式中：Q_i——某个功能单位第 i 种终端交换的总和；

T——功能单位的期限(年)；

L——产品寿命期(年)；

$Q_{i,p}$——产品系统关键工艺中第 p 个过程单元的第 i 种终端交换量；

$Q_{i,up}$——每年使用过程中(up)终端交换量。

终端交换是从整个自然环境而言的产品系统的输入和输出，工艺间的交换为非终端交换。生命周期清单分析中需将这些非终端输入追溯到终端输入，将非终端输出延伸到终端输出。例如需要将气体压缩过程中所耗的电能追溯到终端(煤、石油等)去。实际分析中，通常每个单元过程不一定只有一种原料(或产品)输入(或输出)，有的情况下生产工艺通过原料或配件互相连接，产生很复杂的组合。当一种生产工艺过程产出多种产品或提供多项服务时，就会出现系统输入和输出如何分配的问题。分配问题也是清单分析阶段的一大难点。

(二)清单数据分配

对每一单元过程，要选择一个合适的参照量如生产 1 千克的某种原材料需多少资源、能源投入及产生多少污染物排放。当系统同时涉及多种产品时(如石油提炼过程同时有多种产物)，需要进行数据分配计算。物质能量消耗以及相关环境排放数据应根据预先确定的分配原则(如按产值比、质量比、摩尔质量比、体积比、所含热值比等)分配给不同产品。能量的计算应考虑到不同的燃料类型及能源的转换和传输效率，以及这种能源的生产和使用相关的输入和输出数据。分配实际上是对现有生产工艺的物理形式进行的一个主观描述，因此必须根据所作生命周期评价的研究目标来进行，在输入与输出的物质平衡的基础上，应尽可能反映产品系统的输入和输出的基本关系与特性。具体分配程序常常依据具体问题来决定，但应遵循ISO14040所规定的分配总则：①首先必须识别与其他产品系统公用的过程；②单元过程中分配前与分配后的输入、输出的总和必须相等；③如果存在若干个可采用的分配程序，必须进行敏感性分析，以说明采用其他方法与所选用方法在结果上的差别；④必须将每个要进行分配的单元过程所采用的分配程序形成文件加以论证。

在实际的分配过程中，首先应尽可能避免分配问题的出现，这可以通过两种途径实现：一是通过分析工艺之间的因果关系，将可以分解的工艺继续分解以消除虚假的共同工艺，即将具体的工艺过程和环境交换与具体产品对应起来，从而避免出现分配问题；二是扩展系统边界，将系统外的输入和输出纳入所研究系统中，从而避免出现分配问题。但扩展系统边界的做法必须要与研究目标相一致，从而保证最终结果不会为了避免分配而达不到研究目标。在无法避免分配的情况下，通过确定所研究工艺的所有功能单位的环境交换(输入或输出)比例进行分配。

清单分析可以对所研究产品系统的每一过程单元的输入和输出进行详细清查，为诊断工艺流程物流、能流和废物流提供详细的数据支持。在获得初始的数据后就需要进行敏感性分析，从而确定系统边界是否合适。如去除一些并不重要的生命周期阶段或工艺子系统，或者忽略一些对研究结果并不重要的物流、能流，也可能扩展系统边界，从而将一些重要的单元过程包括进来。对清单数据的质量分析也是至关重要的，因为清单分析的质量直接影响到结论的正确性程度。不过，由于LCA发展还不够成熟，目前这方面所做的工作很少，对数据质量的检查也不考虑。在得到各单元清单数据后，还必须按照预先定义的功能单位对各单元过程的数据进行换算，再按数据类型将单元过程的数据累加，可得到功能单位一致的生命周期总的资源、能源和污染排放清单数据。

二、能源上游阶段清单分析

国内的能源生命周期清单计算模型研究正处在初级阶段。目前，多家研究单位对石油、煤炭、天然气、电等公共能源进行了生命周期分析，但是生命周期清单模型的结果仅仅将各阶段直接环境负荷简单叠加，有些也只考虑了清单中的一次间接消耗[①②③④]。本研究在BESLCI模型（黄志甲，2003）的基础上进行了改进，提出一种新的能源上游清单模型及算法，在能源上游阶段高阶因子迭代计算中也包括了能源生产、开采及运输等因素，既清晰地反映了能源生命周期系统各层次间的内在联系，又很好地揭示了LCI复杂过程之间的相互作用，对LCI建模方法的研究具有一定的学术价值和实际意义。

能源要经过开采、运输、生产、输送、分配等阶段才能投入使用，统称为能源上游阶段（upstream phase）。按照国际能源组织对能源的分类，从其产生方式可分为一次能源和二次能源。一次能源如石油、天然气、煤炭以及太阳能、水能、风能、地热能、海洋能、生物能等，这些都是自然界本来就有的各种形式的能源；二次能源则包括电力、激光、煤气、汽油、柴油、燃料油、焦炭、洁净煤、秸秆燃气和人工沼气等，它们是由一次能源经过转化或加工制造而产生的。能源开采主要反映一次能源的生产过程，能源生产阶段主要反映二次能源的生产过程。一次能源还可进一步细分：凡是可以不断得到补充或能在较短周期内再产生的能源称为可再生能源，如生物质能、水能、太阳能、风能、地热能、海洋能、潮汐能等；反之，则称为不可再生能源，如煤炭、石油、天然气等。水电

① 杨建新等. 2002.产品生命周期评价方法及其应用[M].北京：气象出版社.

② 王寿兵，杨建新，胡聃. 1998.生命周期评价方法及其进展[J].上海环境科学，17(11)：7－10.

③ Arnold Tukker.2000.Life cycle assessment as a tool in environmental impact assessment[J]. Environmental Impact Assessment Review，20(8)：435－456.

④ G. Rebitzer，et al.2004.Life cycle assessment：Framework，goal and scope definition，inventory analysis，and applications[J]. Environment International，30(7)：701－720.

(小水电)、太阳能发电、风力发电、地源热泵、秸秆气化和沼气技术等,都可称为清洁可再生能源技术。表 4.1 给出了几种能源的物性参数。

表 4.1　　几种能源物性参数表

	低热值 H_l	密度 ρ	含碳率 C	含硫率 S	能源分类	
液体燃料	MJ/kg	kg/m³	%	%	一次能源	二次能源
原油	42.29	930.00	87	1.70	√	
汽油	46.10	740.00	87	0.15		√
柴油	42.50	850.00	87	0.50		√
燃料油	40.65	970.00	85	1.00		√
气体燃料	MJ/ m³	kg/m³	%	%	一次能源	二次能源
液化石油气	45.20	1.90	42	2.00		√
天然气	34.56	0.72	74	0.02	√	
秸秆燃气	5.00	0.65	10	0.04		√
沼气	23.00	0.94	50	0.53		√
固体燃料	MJ/kg	kg/m³	%	%	一次能源	二次能源
原煤	20.93	800.00	70	1.00	√	
秸秆	15.00	50.00	42	0.38	√	
其他	MJ/kWh	kg/m³	%	%	一次能源	二次能源
电力	3.6	—	—	—		√

液化石油气(liquid petroleum gas,LPG)是来自石油开采过程的伴生气或石油炼制过程的副产品。发电途径包括煤电、油电、水电、核电等,不同地区的发电结构比不同。

(一)清单模型

能源上游阶段清单分析模型是把我国的能源开采和生产作为一个大的系统,清单结果能够反映我国能源生产在环境负荷方面的特征。但反映系统内在联系的各次间接环境负荷并不是用求逆矩阵的方法得到的,而是通过迭代进行计算。这是美国能源部 Argonne 国家实验室所采用的方法①，它把每种能源生产阶段的环境负荷因子按照模型公式置于 Excel 的单元格中，然后把清单结果的精度控制在某一精度范围内，利用迭代求取清单的结果，显然这种方法求得的结果并不是精确解，它忽略了高阶的间接消耗，但该方法为清单数据的调用带来了很大的方便。生命周期清单模型的结果并不是各阶段直接环境负荷简单的叠加，阶段清单模型应符合以下要求②：①能够把阶段的直接环境负荷处理成代表边界特征的直接环境负荷；②阶段清单环境负荷由直接环境负荷与各次间接环境负荷组成；③阶段环境负荷的计算要能体现研究系统的内在联系。图 4.2 为能源产品的生命周期清单分析模型，能源上游阶段清单模型见图中虚线以上部分。

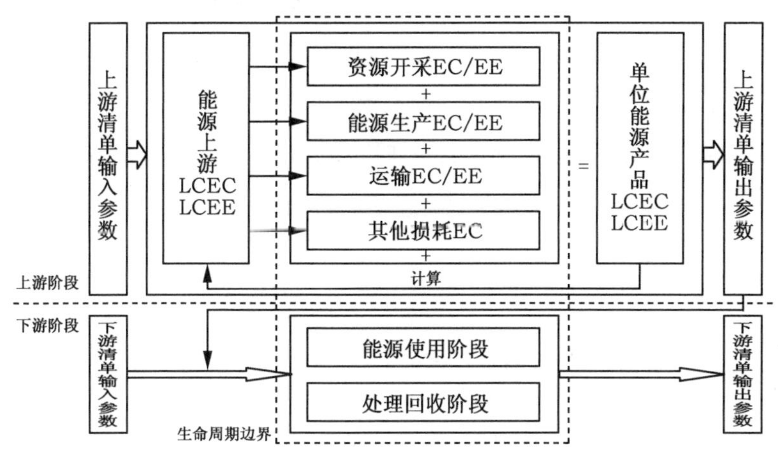

图 4.2　能源产品生命周期清单分析模型

某种能源作为最终成品产出，其间各个阶段需要消耗不同种类的能源，例如煤的生产过程需要消耗电、运输过程需要消耗柴油，而电和柴油的生产过程都需要消耗煤。从这个意义上讲，能源的生命周期过程实际上包含了

① M.Q.Wang.1999.GREET1.5-Methodology, Development, Use, and Results[M].Illinois, Argonne National Laboratory.

② 黄志甲. 2003.建筑物能量系统生命周期评价模型与案例研究[D].同济大学博士论文,9.

两个层次：第一层是生命周期中并列各阶段的当前能源消耗（EC，energy consumption）和环境排放（EE，environmental emission），即实现所有阶段功能而产生的全部能耗和排放，体现了能源产品由上而下的生命链部分（life）；第二层则是产出当前能源而消耗的能源和环境排放，体现了能源产品的高阶循环部分（cycle）。将两个部分合并才得到最终的生命周期能耗（LCEC）和排放（LCEE）。因此，该清单模型能够很好地诠释 LCA 的思想。

清单分析模型包括清单输入、计算及清单输出。过程的能源利用效率、能源结构、燃烧技术、不同燃烧技术的污染物排放系数、燃料的物性等组成了清单输入参数。清单输出参数包括总能消耗、温室气体及主要污染物的排放，又称作环境负荷因子。总能消耗包括化石燃料（fossil energy）和可再生能源；温室气体由 CO_2、CH_4、N_2O 组成；主要污染物排放由 VOC（volatile organic compounds，挥发性有机化合物，计算时用非甲烷烃 NMHC 代替）、CO、SO_x、NO_x、PM_{10}组成。以上五种主要污染物也是大气环境质量标准和其他大气污染源排放控制标准中的主要评价参数。各项参数如表 4.2 所示。

表 4.2　　能源上游阶段清单输入参数

参数名称	符号	参数名称	符号
排放系数	PM	燃料物性	H_l
	SO_X		ρ
	NO_X		C
	CO		S
	NMHC		
	CH_4		
	N_2O		
	CO_2		
终端能源结构	S_j	运输距离	D
过程能效	η	运输能耗强度	H
资源消耗系数	K	运输方式构成	d
能源损失率	L	运输能源消费结构	e

资料来源：李兵锋. 2003.上海工业富氢气体供氢系统的生命周期评价[D].西安建筑科技大学硕士论文，3.

(二)LCEC计算逻辑

(1)能源生产阶段。根据能源生产特点,可以把能源生产过程分成三种类型。一是所有被处理的能源都作为过程燃料使用,如煤发电过程,煤在发电过程中全部被燃烧。二是被处理的能源有一部分作为过程的燃料,另一部分作为过程的原料,如煤炭开采过程,有一部分煤炭作为过程燃料燃烧使用,产生排放;剩下的作为原料使用,不产生排放。三是被处理的能源全部作为原料使用,但过程不发生任何化学反应,如天然气的压缩和液化。

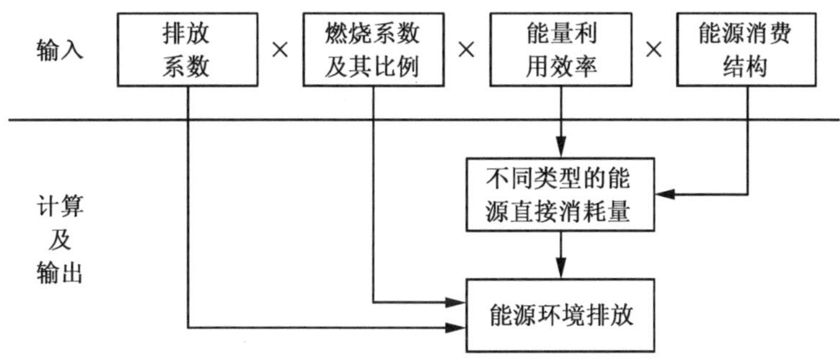

资料来源:束庆. 2004.公交车能源供应及动力系统生命周期评价[D].同济大学硕士论文,3.

图 4.3　能源生产阶段清单模型的计算逻辑

能源加工转换效率(过程能效)是指一定时期内能源经过加工、转换后,产出的各种能源产品的数量与同期内投入加工转换的各种能源数量的比率。它是观察能源加工转换装置和生产工艺先进与落后、管理水平高低等的重要指标。计算公式为:

过程能效 η=能源加工转换产出量/能源加工转换投入量×100%

对于第一种情况,直接能耗可用式(4.2)计算;对于后两种情况,用式(4.3)计算。

$$EC=(1/\eta)\cdot 1\ 000 \tag{4.2}$$

$$EC=(1/\eta-1)\cdot 1\ 000 \tag{4.3}$$

一个过程可能同时消耗多种(j 种)燃料,不同种类的能源消耗量按其比例(能源结构 S_j)进行分配:

$$EC_j = EC \cdot S_j \tag{4.4}$$

某能源 i 生产阶段的生命周期能耗可表示为：

$$LCEC_{\text{prod},i} = \left[\sum_j \left(LCEC_{\text{mine},j} + EC_j \cdot \left(1 + LCEC_{\text{up},j} / 1\ 000\right)\right)\right]_i \tag{4.5}$$

式中：EC_j——生产单位 j 能源直接消耗的能源量，MJ/GJ；

η——过程能效，定义为过程的能量输出与能量输入之比；

S_j——第 j 种燃料在过程能源消费结构中所占的比例，$\sum S_j = 1$；

$LCEC_{\text{prod},i}$——某能源 i 生产阶段的生命周期能耗，MJ/GJ；

$LCEC_{\text{mine},j}$——第 j 种能源开采阶段的生命周期能耗，MJ/GJ；

$LCEC_{\text{up},j}$——第 j 种燃料上游阶段的生命周期能耗，MJ/GJ；

j——过程能源种类。

(2)资源开采阶段。汽油是用石油通过工业分馏制得的，因此从生命周期的角度考虑，生产单位热量的汽油必然包括了所耗石油的生命周期能耗。因此，生产某 i 能源所耗 j 能源的资源开采阶段生命周期能耗可表示为：

$$LCEC_{\text{mine},j} = EC_j \cdot \sum_l K_{j,l} \cdot LCEC_{\text{up},l} / 1\ 000 \tag{4.6}$$

式中：$K_{j,l}$——某 j 过程燃料所消耗第 l 种资源的原料利用系数。

(3)其他能源损失。在开采、生产、输配等阶段，由于泄露、装卸等原因产生的非生产性能源损失，不产生化学反应，用损失率来反映。其他能源损失可表示为：

$$LCEC_{\text{loss},i} = L_i \cdot 1\ 000 \tag{4.7}$$

式中：$LCEC_{\text{loss},i}$——第 i 种燃料储存、输配时的能源损失，MJ/GJ；

L_i——第 i 种燃料的能源损失率，%。

(4)能源运输阶段。

由于交通运输对能源的需求和污染排放，特别是城市排放等问题日益突出，所以各国对交通运输都有大量的生命周期研究，著名的研究模型有美国 Argonne 国家实验室 GREET、Mobile5 等，我国郝吉明教授也对城市交

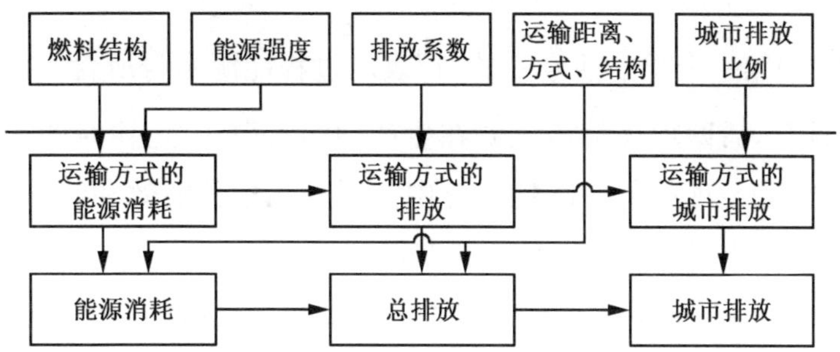

图 4.4　运输阶段清单模型的计算逻辑(来源于 GREET 模型)

通对大气污染的影响做了很多研究,但国内对货物和能源运输阶段的生命周期研究较少。某能源 i 其运输阶段的生命周期能耗可表示为①:

$$LCEC_{\text{tran},i}=D_i\cdot[\sum_k\sum_j H_k\cdot e_{k,j}\cdot d_k\cdot(1+(\sum_l K'_{j,l}\cdot LCEC'_{\text{up},l}+LCEC'_{\text{up},j})/1\,000)]_i \tag{4.8}$$

式中:$LCEC_{\text{tran},i}$——某 i 能源运输阶段的生命周期能耗,MJ/GJ;

H_k——第 k 种运输方式的能源强度,MJ/t・km;

$e_{k,j}$——第 k 种运输方式第 j 种燃料所占的比重,$\sum e_j=1$;

D_i——平均运输距离,km;

d_k——第 k 种运输方式所占的比重,$\sum d_k=1$。

由于不同能源的生产路径以及自身特性都有很大的差别,为了有一个合理的评价基准,对能源上游阶段生命周期能耗要计算到一次能水准。某 i 能源,其上游阶段的生命周期能耗 $LCEC_{\text{up},i}$ 计算公式如下:

$$LCEC_{\text{up},i}=LCEC_{\text{prod},i}+LCEC_{\text{loss},i}+LCEC_{\text{tran},i} \tag{4.9}$$

将公式(4.5)至(4.8)代入公式(4.9),得

$$LCEC_{\text{up},i}=[\sum_j EC\cdot S_j\cdot(1+(\sum_l K_{j,l}\cdot LCEC_{\text{up},l}+LCEC_{\text{up},j})/1\,000)$$
$$+L\cdot 1\,000+D\cdot\sum_k\sum_j H_k\cdot e_{k,j}\cdot d_k\cdot(1+(\sum_l K'_{j,l}\cdot LCEC'_{\text{up},l}$$

① 黄志甲,张旭. 2003.汽车燃料的生命周期评价模型[J].同济大学学报,31(12):1472－1476.

$$+LCEC'_{\mathrm{up},j})/1\,000)]_i \tag{4.10}$$

式(4.10)第一个 $\sum$ 括号中的“1”表示过程能源本身所含的能量,是过程的直接能耗,后两项表示该能源在生产、开采、灌注、运输时的能耗,构成了间接能耗,剩余项类似。能耗计算中需要输入过程能效和终端能源结构等参数,可通过查阅国内外文献资料获得。

在生产柴油时要消耗一部分柴油和其他燃料,因此在生产阶段清单计算模块部分,需要调用柴油的最终输出结果,但这时柴油的清单数据还没有生成,其他燃料的清单数据也可能没有生成,只有整个能源上游阶段的清单全部写完以后,才能得到最终的计算结果。

(三)LCEE 计算逻辑

与生命周期能耗计算过程类似,某 i 燃料在能源上游阶段的生命周期环境排放(LCEE)可用下式表示:

$$\begin{aligned} LCEE^m_{\mathrm{up},i} = [\sum_j EC \cdot S_j \cdot (EF^m_j + (\sum_l K_{j,l} \cdot LCEE^m_{\mathrm{up},l} + LCEE^m_{\mathrm{up},l})/1\,000) \\ + D \cdot \sum_k \sum_j H_k \cdot e_{k,j} \cdot d_k \cdot (EF'^m_j + (\sum_l K'_{j,l} \cdot LCEE'^m_{\mathrm{up},l} \\ + LCEE'^m_{\mathrm{up},l})/1\,000)]_i \end{aligned} \tag{4.11}$$

式中:$LCEE^m_{\mathrm{up},i}$ ——某 i 能源第 m 种能源上游阶段污染物的生命周期排放,g/GJ;

$LCEE^m_{\mathrm{up},j}$ ——第 j 种燃料能源上游阶段第 m 种污染物的生命周期排放,g/GJ;

EF^m_j ——第 j 种燃料燃烧第 m 种污染物的排放系数,g/GJ。

公式(4.11)第一个 $\sum$ 括号中的第一项表示过程的直接排放,后两项构成间接排放,分别表示能源在开采和生产阶段的生命周期排放(含运输等阶段的排放)。与能耗计算类似,在计算时会遇到引用自身清单结果和其他阶段的清单计算结果,污染物排放系数是指生产单位产品或燃烧单位燃料的污染物排放量,在计算燃料燃烧形成的污染排放时,通常按燃烧单位燃料的污染物排放量计算。

(四)清单数据来源

若天然气生产采用冷冻吸收法分离工艺[①],则能源消耗种类为天然气(65%)和电(35%),过程能源效率为98.66%。各种燃料生产过程的能源效率和能源结构数据的汇总见表4.3。

表4.3　能源生产过程能效和终端能源结构　单位:%

生产过程	煤炭	原油	汽油	柴油	燃料油	天然气
能源效率	99.03	93.16	83.03	86.43	92.74	98.66
电	100	38	8	8	8	35
原油	—	62	—	—	—	—
燃料油	—	—	32	32	32	—
炼厂干气	—	—	36	36	36	—
天然气	—	—	—	—	—	65
煤	—	—	24	24	24	—
合计	100	100	100	100	100	100

注:数据参考BESLCI软件数据库,2003,黄志甲。

电力若按供电煤耗折算(0.404kgce),则煤炭开采的能源效率为96.82%;电力若按当量热折算(0.122 9kgce),则1998年我国煤炭开采的能源利用效率为99.03%。生命周期评价清单分析是把终端使用的各种能源追溯到能源开采阶段,因此清单模型的输入不能使用供电煤耗,即生命周期评价中的终端能源都是按当量热计算的。

2007年1～6月,我国发电量为14 850亿千瓦时,同比增长16%。其中,水电1 752亿千瓦时,增长1.7%;火电12 777亿千瓦时,增长18.3%;核电265亿千瓦时,增长3.7%。同期,全社会用电量达到15 150亿千瓦时,同比增长15.6%。其中,一、二、三产业和居民生活用电分别增长2.7%、17.2%、12.2%

① 傅忠诚等. 2008.天然气燃烧与节能环保新技术[M]. 北京:中国建筑工业出版社,8.

和11%[①]。我国2006年平均发电煤耗0.357kgce/kW·h,火电厂自用电率7.25%,通过计算可得煤炭发电的转换效率为31.93%。各种发电方式的能效及构成比例如表4.4所示。

表4.4 全国发电方式效率及构成

发电方式	煤	天然气	油	水能	核能
发电效率	35.00%	48.50%	40.00%	90.00%	33.00%
电力结构	70.00%	2.30%	2.41%	23.00%	2.29%

(五)清单分析输出及结果解释

利用以上清单分析模型和统计数据,可以对能源上游阶段的清单进行计算。不同于下游阶段清单输入与具体方案有关,能源上游阶段的清单输入参数如发电结构和运输距离等,皆采用全国平均水平[②]。根据计算要求需预设迭代次数或允许误差,在计算一定的步数后,结果收敛并达到极限值。生命周期能耗和环境排放计算结果如图4.5～图4.7所示。

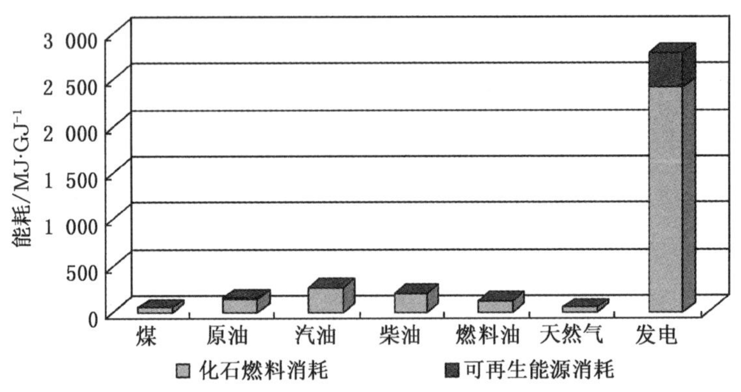

图4.5 能源上游阶段生命周期能耗输出

① 2007.2007上半年我国发电量分析[OL].中国行业研究网. http://www.chinairn.com/doc/4080/168721.html.

② 2003.中国工业经济统计年鉴(2002)[M].北京:中国统计出版社.

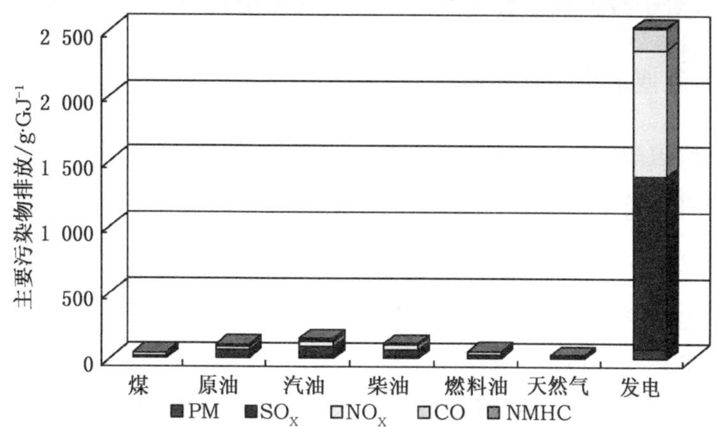

图 4.6　能源上游阶段主要污染物排放输出

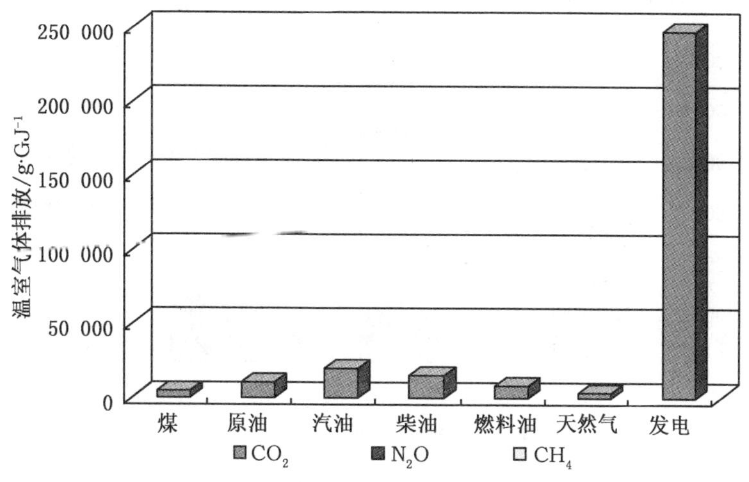

图 4.7　能源上游阶段温室气体排放输出

由图 4.5 至图 4.7 可以看出，二次能源（汽油、柴油、燃料油、电力）的上游阶段 LCEC 和 LCEE 较一次能源大，从整个生命周期的角度考虑，这是由于二次能源的 LCEC 和 LCEE 包含了一次能源的 LCEC 和 LCEE。发电 LCEC 和 LCEE 在所评价能源产品中最大，由于目前我国煤炭发电的比重还比较高（约 70%），而水力发电（约 23%）、核电（约 2%）和其他发电方式只占很小比例。因此，调整能源结构，增加清洁、可再生能源在发电方式中所占的比重，对于减少我国大气污染和温室气体排放都有重要意义。

三、能源使用阶段清单分析

(一)村镇能源需求特征

根据研究对象及范围，选取了严寒地区和寒冷地区的 A、D、E 三个典型村镇为研究对象。通过实地考察、调研，将该地区村镇居民生活用能需求归纳为五个主要方面：①冬季供暖；②夏季制冷；③照明及电器用电；④炊事；⑤生活热水。三个村镇年人均能源需求量如图 4.8 所示。由图可知，该地区的三个村镇存在很明显的用能特点，生活能耗主要集中在冬季供热和炊事两个方面。根据目前村镇能源系统现状和当地资源调研结果，提出 12 种能源系统比较方案(见第三章表 3.5)。

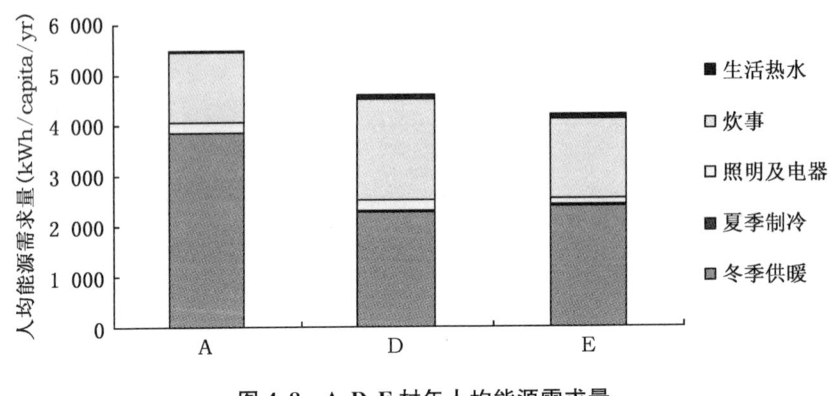

图 4.8　A、D、E 村年人均能源需求量

(二)清单模型

见图 4.2 虚线以下部分(忽略处理回收阶段)。

(三)能源使用阶段 LCA 能耗及环境排放计算逻辑

某 p 种能源方案使用阶段总能消耗的计算公式为：

$$LCEC_{\text{use},p} = T \cdot \sum_{i} PEC_i [1 + (LCEC_{\text{mine},i} + LCEC_{\text{up},i}) / 1\,000] \tag{4.12}$$

式中：$LCEC_{use,p}$——某 p 能源方案生命周期总能消耗，MJ/capita；

PEC_i——某 p 能源方案使用第 i 种能源的阶段能耗，MJ/capita；

$LCEC_{mine,i}$——第 i 种能源资源开采阶段的生命周期能耗，MJ/GJ，且

$$LCEC_{mine,i}=\sum_l K_{i,l}\cdot LCEC_{up,l}\ ;$$

$K_{i,l}$——某能源 i 消耗的第 l 种资源的能源损失系数，$K=1+$损失率；

$LCEC_{up,l}$——第 l 种资源的能源上游阶段的生命周期能耗，MJ/GJ；

$LCEC_{up,i}$——第 i 种能源上游阶段的生命周期能耗，MJ/GJ；

T——生命周期，a。

注意：计算某 p 种能源方案使用阶段化石燃料的生命周期消耗时，要除去可再生能源消耗因素。化石燃料的生命周期消耗计算公式如下：

$$LCEC^{f}_{use,p}=T\cdot\sum_i[PEC^f_i(1+LCEC^f_{up,i}/1\,000)+PEC^r_i\cdot LCEC^f_{up,i}/1\,000] \tag{4.13}$$

式中：$LCEC^{f}_{use,p}$——某 p 能源方案生命周期化石燃料消耗，MJ/capita；

角标 f——化石能源；

角标 r——可再生能源；

至此，某 p 能源方案生命周期总能耗（不考虑能源处理回收阶段）的公式表示为：

$$\begin{aligned}LCEC_p=&T\cdot PEC_i(\sum_j EC\cdot S_j\cdot[1+(\sum_l K_{j,l}\cdot LCEC_{up,l}\\&+LCEC_{up,j})/1\,000]\\&+\sum_l K_l\cdot LCEC_{up,l}/1\,000+(K-1)\cdot 1\,000\\&+\sum_k\sum_j H_k\cdot e_{k,j}\cdot L_j\cdot d_j\cdot[1+(\sum_l K_{j,l}\cdot LCEC_{up,l}\\&+LCEC_{up,j})/1\,000])_i\\&+T\cdot\sum_i PEC_i[1+(\sum_l K_{i,l}\cdot LCEC_{up,l}\\&+LCEC_{up,i})/1\,000]\end{aligned} \tag{4.14}$$

某 p 能源方案使用阶段第 m 种环境排放计算公式：

$$LCEE_{\text{use},p}^{m}=T\cdot\sum_{i}(EF_{i}^{m}+LCEE_{\text{up},i}^{m})/1\ 000 \tag{4.15}$$

式中：$LCEE_{\text{use},p}^{m}$ ——某 p 能源方案，第 m 种污染物的生命周期排放，g/GJ；

EF_{i}^{m} ——第 i 种燃料燃烧，第 m 种污染物的排放系数，g/GJ。

（四）清单输入及数据来源

表 4.5　　能源使用阶段清单输入参数

参数名称	符号	参数名称	符号
排放系数	PM	燃料物性	H_l
	SO_X		ρ
	NO_X		C
	CO		S
	NMHC		
	CH_4		
	N_2O		
	CO_2		
过程能效	η	生命周期	T
资源消耗系数	K	阶段能耗	PEC_i

使用阶段清单分析关键因子为 PEC_i，也就是某 p 能源方案中，第 i 种能源的阶段能耗（单位 MJ/capita），确定方法有以下两种：基于软件模拟计算所得数据结果；基于实际消费情况。本研究选择后者，根据第二章调研数据结果，可知该地区村镇居民生活用能需求主要为冬季供暖、夏季制冷、照明及电器用电、炊事和生活热水五个方面。村镇生活用能指标如图 4.8 所示。

该地区的三个村镇存在很明显的用能特点，生活能耗主要集中在冬季供暖和炊事两个方面。因此，可根据当地村镇能源需求特点和居民生活习惯设置简化条件：假设该地区炊事和热水采用相同末端设备，可将炊事与生活热水合并为炊事一项；假设该地区夏季空调系统采用相同 COP 值，可将夏季空调与照明及电器用电合并为生活用电一项。

(五)清单分析输出及结果解释

角标 0 表示原始能源方案,也就是各个村镇目前使用的原始能源方案。由于习惯采用燃烧秸秆的方法,E 村的原始方案化石能源消耗是三个村中最少的。由图 4.9 至图 4.14 可以看出,通过在原始方案中分别加入可再生能源技术——秸秆直接燃烧技术、秸秆燃气技术和沼气技术,各个方案的总能源消耗和环境因子排放量都有相应变化,以化石能源消耗和 CO_2 排放量为例进行比较分析。

注:图中横坐标字母均为能源方案标号,以下皆同。

(1)生命周期能耗:

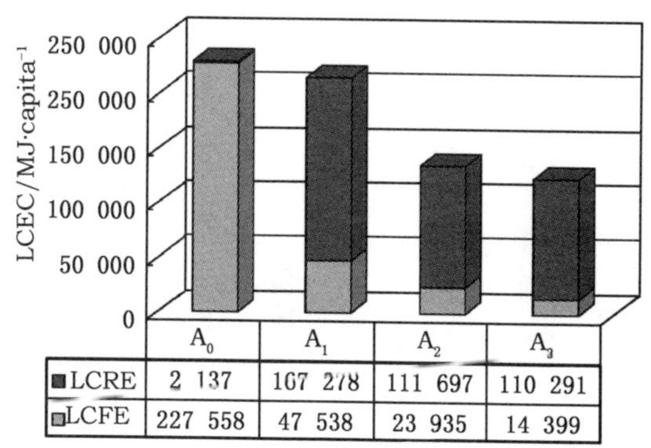

	A_0	A_1	A_2	A_3
■LCRE	2 137	167 278	111 697	110 291
■LCFE	227 558	47 538	23 935	14 399

图 4.9　A 村能源系统方案的化石及可再生能源消耗

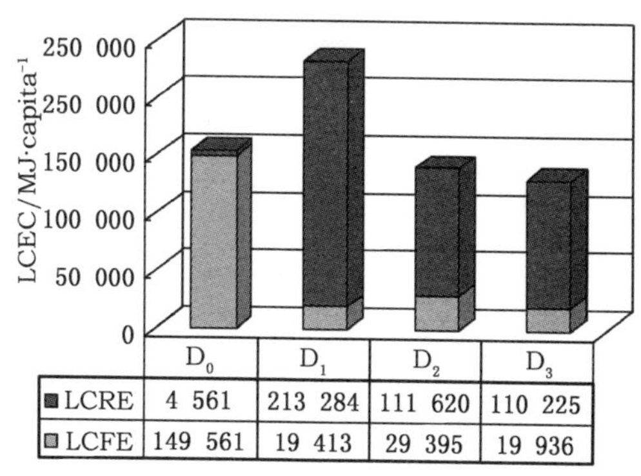

	D_0	D_1	D_2	D_3
■LCRE	4 561	213 284	111 620	110 225
■LCFE	149 561	19 413	29 395	19 936

图 4.10　D 村能源系统方案的化石及可再生能源消耗

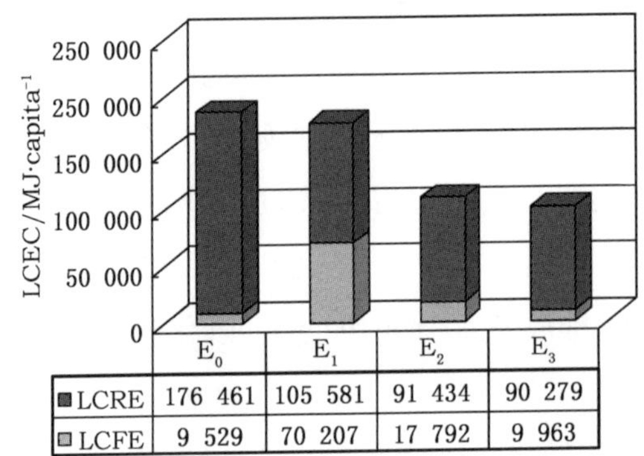

图 4.11　E 村能源系统方案的化石及可再生能源消耗

(2)生命周期环境排放：

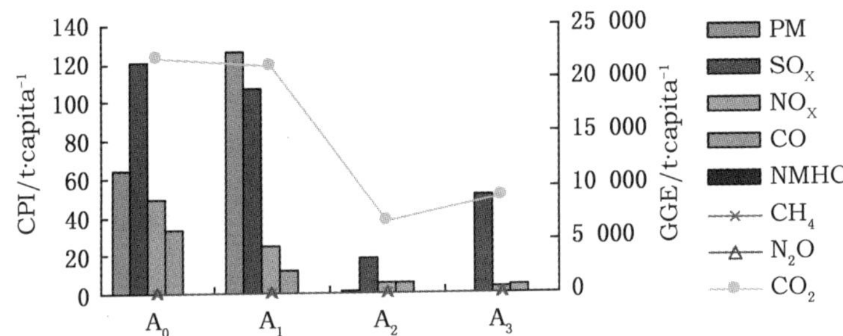

图 4.12　A 村能源系统方案的生命周期污染物排放

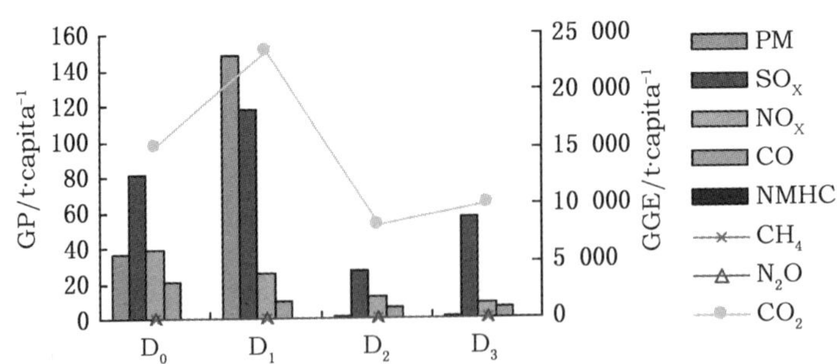

图 4.13　D 村能源系统方案的生命周期污染物排放

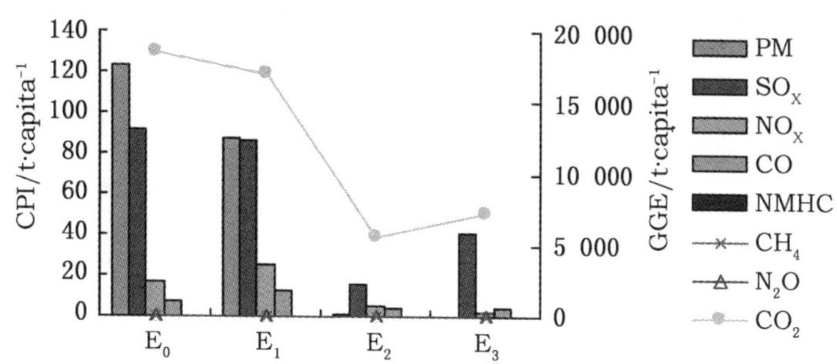

图 4.14 E 村能源系统方案的生命周期污染物排放

其中,A 村因由 A_0 煤炭—电消耗转变为 A_1 秸秆—电消耗,化石能源消耗减少了 79.1%,CO_2 减排量为883 898(单位 t/capita/yr,以下皆同);当 A 村采用 A_2 秸秆气化—电和 A_3 沼气系统—电系统时,化石能源消耗分别减少了 89.4%和 93.7%,CO_2 减排量分别为15 403 011和13 028 125。同样,D 村由 D_0 煤炭—LPG—电消耗转化为 D_1 秸秆—电消耗时,化石能源消耗虽然减少了 87%,但是 CO_2 减排量却为−8 488 702,说明使用 LPG 虽然消耗了化石能源资源,但是比起秸秆直接燃烧,对温室效应的贡献率较小;其 D_2 秸秆气化和 D_3 沼气系统与 A 村趋势相同,化石能源消耗分别减少了 80.4%和 86.7%,CO_2 减排量分别为6 904 115和4 998 448。E 村由于初始方案采用的 E_0 秸秆—电,因此结果稍有区别,当采用 E_1 秸秆—LPG—电系统时,化石能源消耗比原来增加了 636.8%,但却获得了1 400 291CO_2 减排量;同理,E_2 和 E_3 的化石能源消耗分别增加了 86.7%和 4.6%,但是分别获得了12 831 464和11 253 950CO_2 减排量。

由于每个村镇所处热工分区的不同和生活习惯的差别,导致在采用新的能源技术和能源系统时的节能和减排效果区别很大。单从某一环境因子很难判断整个系统的优劣,因此如何采用同一指标确定系统的最终效果,是下一环节需要做的工作,即影响评价。

第三节 生命周期影响评价

本节将对以上清单分析结果做简单的生命周期影响评价，既保持了LCA评价体系的完整性，也为第五章评价指标体系的建立打好基础。生命周期影响评价(Life Cycle Impact Assessment，LCIA)是对清单分析所得出的环境压力(环境干扰因子)进行评价的一个技术过程，包括定量、定性评价，是为了更清楚地说明最终结果。按照国际环境毒理学与化学学会(SETAC)和国际标准化组织的ISO14040的框架，影响评价包括三个步骤：分类、特征化和综合评价。

一、分类及特征化(classification and characterization)

分类是根据不同的环境影响类型，对清单分析的结果数据进行归类。将清单分析的各数据归到每一大类的各小类中，这样便于计算每一大类的影响潜值，如把CO_2归到全球变暖中，HFC(氢氟烃)归到臭氧层破坏中；如果有的数据同时有两种或两种以上的影响，则应同时归到两种或两种以上的影响中，如CFCs(氟利昂)同时归到全球变暖和臭氧层破坏中。环境影响类型是LCIA中重要的一步，其分类国际上目前尚未达成共识。将环境因子与环境影响类型——资源能源耗竭、全球变暖、臭氧层损耗、光化学烟雾、酸化、富营养化、耕地占用、人体和生物健康影响——建立对应的联系，并纳入评价的范围。

(一)资源能源耗竭

资源消耗是产品系统向自然系统的索取，其消耗越多，对自然系统的压力就越大。不可再生资源主要为矿石、黏土资源、原油、原煤、天然气等化石燃料。20世纪以来，随着工业发展和生活水平的提高，对原材料的使用量大大增加尤其是不可更新的矿物使用量增加最快。1990年全球主要矿物资源的需求量是其生产量的1～7倍(Graedel & Allenby，1995)，存在较大的缺口，未来对矿产资源的消耗将会大幅度增长。新中国成立以来，国民生产总值增长了10多倍，而矿产资源消耗量却增加了40多倍。在不久的将来，矿产资源将成为我国国民经济发展的主要制约因素。因此，必须将矿产资源的合理开发利用与保护摆在重要的位置，坚持开发与节约并举、利用与保护并重的方针。

(二)全球变暖

全球趋暖势(GWP)是对大气中某种气体相对于一种参考气体(通常假定为二氧化碳)而言，捕获地球表面辐射热的能力的一种度量。各种气体在大气中的寿命相差悬殊，因此结果要对不同时间间隔进行积分。通常选取的时间段为100年。据联合国组织的政府间气候变化专业委员会(IPCC)的科学报告，造成全球变暖的直接因子是温室气体的增加。据该报告资料统计，1981～1990年全球平均气温比1861～1880年上升了0.48℃，人类活动所造成的“温室效应”加快了全球变暖的趋势。全球变暖将影响动植物的分布，还会产生频繁而加重的气象灾难事件，而且气候变化可能对发展中国家的影响更大。大约有30种温室气体(如CO_2、CH_4、N_2O、CFC等排放)对全球变暖有贡献，其中CO_2的贡献约为59%，CH_4和CFCs贡献分别为16%和12%。为了表征各种温室气体对全球变暖贡献的大小，采用CO_2当量定量衡量各种温室气体的作用大小，采用全球变暖潜值来反映对全球变暖的潜在影响。下面给出的是各种全球趋暖势的最新估计值(100年时间段)。这些数据是国际气候变化专业委员会针对电力生产链排放的最常见的温室气体计算得到的：二氧化碳(CO_2)＝1；甲烷(CH_4)＝21；一氧化二氮(N_2O)＝310；六氟化硫(SF_6)＝23 900；四氟代甲烷(CF_4)＝6 500；含氢氟烃(HFC)：HFC-134a＝1 300；含氯氟烃(ClFC)：ClFC-114＝9 300；含氢氯氟烃(HClFC)：HClFC-22＝1 700。

(三)臭氧层损耗

在离地面20～30km的平流层里存在着臭氧层，对具有很强杀伤力的紫外线具有很好的吸收能力，从而保护了地球上各种生命的存在、繁衍和发展。到1994年，南极上空的臭氧层已被破坏了60%。北极和其他地区上空的臭氧层也被发现逐渐变薄。臭氧层损耗将导致皮肤癌和角膜炎患者增加，损害人的免疫力、破坏地球上的生态系统，也可能引起新的环境问题，如光化学污染等。氟氯碳(CFC)的存在是臭氧层遭到破坏的主要原因。通常采用CFC-11当量表征臭氧层损耗的大小。

(四)光化学臭氧合成

当溶剂及其他挥发性有机物排放到大气中后，在太阳光照射下，经NO_x催化，就会发生氧化反应而形成臭氧，这一过程称光化学臭氧合成。城市光化学烟雾(烷烃、烯烃、芳香烃、醇类、醛类、NO_x、CO等排放)主要由臭氧造成。光化学烟雾一方面造成人体和动物呼吸道疾病，另一方面造成农业减产。NO_x不是光化学臭氧合成物质，但它是这一化学反应的催化剂，需在高NO_x区和低NO_x区考虑不同的当量因子。采用乙烯C_2H_4(ethylene)为基准物质。

(五)酸化

酸性物质进入环境(土壤、水体)，使自然环境酸度升高(即pH值降低)的作用和过程即为酸化。酸化对水生、陆生生态系统的影响较大。如由于土壤酸化，导致森林、作物减产或死亡。根据目前的科学认识水平，主要致酸化物质有SO_2、SO_3、N_2O、HNO_3、H_2SO_4、HF、NH_3及其他有机酸，主要来源于化石燃料的燃烧。根据IPCC的建议，采用最重要的致酸化物质SO_2排放量来表述酸化潜力。

(六)富营养化

富营养化是指由于氮、磷等营养物质的含量过多，使水生生物特别是藻类大量繁殖，使水中溶解氧含量急剧变化，造成水体污染，以致影响鱼类的生存。由于人类活动将大量的工业废水和生活污水以及农田径流中的营养物质排入水体，大大加速了水体的富营养化过程。一般认为，水体中总磷、总氮分别超过$20mg/m^3$和$300mg/m^3$就视为富营养化状态。通常采用NO^{3-}来描述富营养化程度。

综上所述，前三种影响类型属于全球性环境影响，而后三种属于地区性环境影响。此外，生态毒性、人体毒性、可再生资源消耗以及一系列的职业健康危害属于局域性环境影响。局域性环境影响必须考虑特定地区特点和自然生态系统对污染或其他环境干扰的容纳、忍耐能力等，因此大多数LCIA研究并不考虑局域性影响。

（七）分类

影响类型分为：能源消耗（能源耗竭潜力）、温室气体排放（全球变暖潜力）和主要污染物影响。

能源消耗（fossil energy，FE，kJ/m^2）。清单中的能耗有总能耗和化石燃料消耗，总能中包含化石燃料和某些可再生能源（如水电），由于这里的能耗是用来衡量能源资源的耗竭，因此可采用“化石燃料消耗”作为评价指标。

温室气体排放（greenhouse gases emission，GGE，$kgCO_2$当量$/m^2$）。清单中的温室气体包括CO_2、N_2O和CH_4，特征化可利用CO_2当量为单位1，则N_2O和CH_4的当量系数分别取21和310（100年全球变暖潜力当量系数）。

主要污染物影响（criteria pollution impact，CPI，Nm^3/m^2）。污染因子（SOx、NOx、PM、CO、NMHC）对环境的影响不划分为AP、POCP、HTP、NP等影响类型，统一为“主要污染物影响”一个指标。

（八）特征化

将每一类型的环境影响中所包含的影响因子对此种环境影响的强度或程度定量化，并归纳为一个指标，建立各胁迫因子与环境类型之间的定量关系模型。目前常用的特征化方法有两种：一是将清单数据与环境标准等标准联系起来的“临界稀释体积法”（critical dilution volume）；二是针对不同环境问题的“当量系数法”（equivalent factor）。我国大气环境质量标准（GB3095-1996）规定了三类不同地区主要大气污染物不允许超过的浓度限制，如表4.6所示。环境空气质量功能区的一类区为自然保护区、风景名胜区和其他需要特殊保护的地区；二类区为城镇规划中确定的居住区、商业交通居民混合区、文化区、一般工业区和农村地区；三类区为特定工业区。环境空气质量标准分为三级，上述三类地区分别执行对应三个等级标准。本研究所属范围为二类地区，执行二级标准。

表 4.6　　污染物排放浓度限制

mg/m^3空气	一级	二级	三级
TSP	0.08	0.20	0.30
PM_{10}	0.04	0.10	0.15
SO_X	0.02	0.06	0.10
NO_X	0.05	0.05	0.10
CO	4.00	4.00	6.00
NMHC	0.12	0.16	0.20

利用清单分析的污染物排放量除以该污染物标准规定的浓度，得到的体积就是该污染因子稀释到标准允许浓度的稀释空气体积，把所有污染因子的稀释空气体积相加的结果可以用来衡量主要污染物影响。

$$CPI = \sum \frac{TEM_j}{C_j} \tag{4.16}$$

其中：TEM_j——第 j 种污染物的总排放；

C_j——第 j 种污染物的大气环境排放标准浓度。

二、综合评价

综合评价(integrated valuation)包括正规化(normalization)和加权评估(weighing evaluation)。由于分类影响评价结果的单位和数量级不同，因此在综合评价时，首先需要消除数据在量纲和数量级上的差别，这就是所谓的正规化。对于不同的材料，给各类环境影响赋予权重，即可得到它们对环境的综合影响。FE、CPI 和 GGE 等分类影响类型的权重分别为 0.4、0.4 和 0.2，利用权重三角形可以证明以上分类环境影响权重选择合理[①]。以 A_0 为

① 黄志甲.2003.建筑物能量系统生命周期评价模型与案例研究[D].同济大学博士论文，9.

基准方案，得到12个能源方案的分类评价指标和综合评价指标如图4.15和图4.16所示。

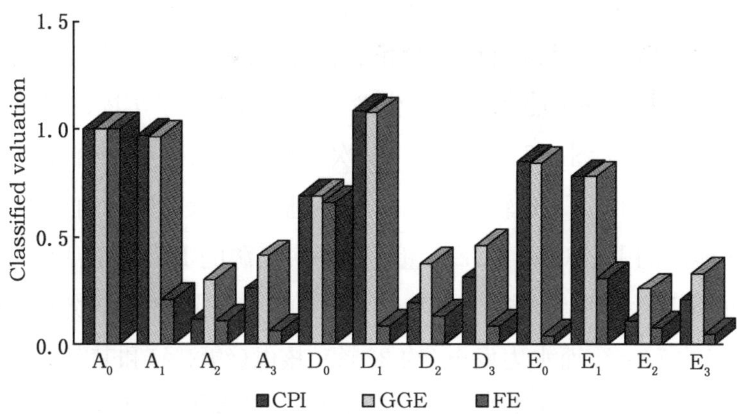

图4.15　能源系统方案的生命周期分类评价指标

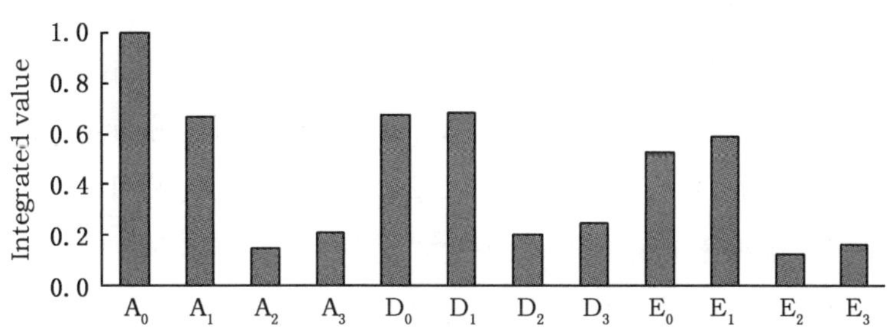

图4.16　能源系统方案的生命周期综合评价指标

第四节　本章内容小结

(1)生命周期清单模型的结果不能是各阶段直接环境负荷简单的叠加，能源生命周期过程实际上包含了两个层次：能源产品由上而下的生命过程部分和能源产品的高阶循环部分。新的清单模型很好地诠释了LCA的思想。能源上游阶段包括开采、生产、运输、输送、分配等阶段，根据图4.2的清单模型，将能源上游阶段的清单计算总结为公式(4.2)～公式(4.11)。由于完善了追溯能源最终端的功能，因此新模型比旧模型的清单输出结果更完整，提高了生命周期清单输出数据的精确度。但不能仅依据能源上游阶段清单输出结果判断某种能源最节能、环保，还要结合能源下游阶段如使用阶段的清单分析结果才能得出最终结论。但是，能源上游阶段清单分析仍为能源下游分析乃至整个能源系统的生命周期分析搭建了牢固的基础平台。

(2)从图 4.5 至图 4.7 可以看出，二次能源(汽油、柴油、燃料油、电力)的上游阶段 LCEC 和 LCEE 较一次能源大，从整个生命周期的角度考虑，这是由于二次能源的 LCEC 和 LCEE 包含了一次能源的 LCEC 和 LCEE。发电 LCEC 和 LCEE 在所评价能源产品中最大，由于目前我国煤炭发电的比重还比较高(约 70%)，而水力发电(约 23%)、核电(约 2%)和其他发电方式只占很小比例。因此，调整能源结构，增加清洁、可再生能源在发电方式中所占的比重，对于减少我国大气污染和温室气体排放都有重要意义。

(3)由于每个村镇所处热工分区的不同和生活习惯的差别，导致在采用新的能源技术和能源系统时的节能和减排效果区别很大。由图 4.15 和图 4.16 可知，用新模型计算得到的 A_2、A_3、D_2、D_3、E_2、E_3能源方案的生命周期综合评价指标分别为 0.15、0.21、0.2、0.25、0.12、0.16，且采用秸秆气化系统和沼气系统效果由南向北差值趋向变大(分别相差 0.4、0.5、0.6)。在 A 村实施沼气—电方案比秸秆气化—电方案的 LCA 综合指标高 0.6，加上低温天气沼气的产气率不能保证，反而干燥天气有利于提高秸秆气化的气化效率，因此在本研究工况下不宜在东北地区实施沼气工程，应提倡实施秸秆气化工程。虽然秸秆在农村易于获得，且经济成本低廉，但由于其直接燃烧设备效率低下，造成了生物质能的极大浪费，而且带来的大气污染严重程度日益凸显，因此改进生物质能的利用效率，推广新型利用技术势在必行。通过使用沼气、秸秆燃气等可再生清洁能源和新型供热、炊事设备，不但调整了当地的能源结构，而且改善了农民生活水平，同时也减少了大气污染物排放。

(4)只从资源消耗和环境排放考虑评价整个能源系统的优劣并不全面，由于所选村镇地处农村地区，农民消费水平也有一定的局限性，因此要综合考虑经济成本控制和节能减排目标，提出经济低成本的和环境低成本的综合评价系统势在必行。在清洁可再生能源开发领域，尤其是中小型村镇能源系统领域，运用 LCA 的方法进行评价，研发不仅在使用阶段而且是在整个生命周期皆环境友好的能源技术和能源系统，是今后能源 LCA 工作的发展方向。以 LCA 作为评价基础，直接从源头控制环境污染，对我国今后能源结构优化和减排体系完善将产生积极的推动作用。

第五章

基于LCA的村镇能源系统成本分析

本章的核心思想是将村镇能源系统的成本分析分解为经济性成本分析(economic cost analysis)和环境性成本分析(environmental cost analysis)。经济性分析包括投资和效益分析,环境成本将立足于第三章生命周期清单输出数据,将环境排放(g/capita)转化为环境成本(yuan/capita),从而将环境成本内部化[①]。技术经济分析在国内研究较为成熟,得到的主要指标为年人均能源消费成本ECC(yuan/capita)。

本章的研究难点主要是:①确定财务评价方法,搭建计算平台,获得整个能源系统的生命周期经济成本(包括初投资、运行费用);②熟悉环境经济学内容,通过合理分配,将外部环境成本内部化,在ESLCA软件中内置环境成本分析计算程序,得到的主要指标为年人均排放成本LCEC(yuan/capita);③不同能源系统模型的综合成本分析。

第一节 经济性成本分析(EcCA)

一、工程经济分析(engineering economics analysis)

工程经济活动的要素一般涉及四大要素:活动主体、活动目标、实施活

① 胡妍红,傅京燕. 2001.论环境成本内部化[J].生态经济,(4).

动的环境以及活动的效果。活动的主体分为：企业、政府及包括文、教、卫、体、科研和宗教等组织在内的事业单位或社会团体。活动的目标都是为了直接或间接地满足人类自身的需要。例如：政府的目标（多目标系统），包括社会经济的可持续性发展、就业水平的提高、法制的建立健全、社会安定、币值稳定、环境保护、经济结构的改善、收入分配的公平等；企业的目标，以利润为主，包括利润最大化、市场占有率、应变能力和品牌效应等。工程经济活动常常面临两个彼此相关并且至关重要的双重环境：一个是自然环境，另一个是经济环境。工程经济活动的效果是指活动实施后对活动主体目标产生的影响。由于目标的多样性，一项经济活动会产生多方面的效果，甚至效果之间可能是冲突对立的。对一个经济欠发达地区进行开发建设，如只进行低水平的资源消耗生产，则可能在提高当地人民收入水平的同时造成严重的环境污染和生态平衡的破坏。这是本研究所必须考虑和涉及的问题。

经济分析的目的是提高工程经济活动的经济效果，效果可分为有用的、所期望的（效益）和无用的或不想要的（损失）。若效益与费用、损失度量相同，经济效果＝效益/（费用＋损失）；若效益与费用、损失度量不同，经济效果＝效益－（费用＋损失）。工程经济分析的出发点和归宿点是使经济效果值提高，有两种途径：第一，用最低的寿命周期成本实现产品、作业、服务或系统的必要功能；第二，在费用一定的前提下，不断改善产品、作业、服务或系统的质量，提高其功能。方案可比性问题（条件等同化）包括产出成果使用价值的可比性、投入相关成本的可比性、时间因素的可比性、价格的可比性、额定标准的可比性、评价参数的可比性。工程经济分析的基本步骤包括确定目标、寻找关键要素、穷举方案、评价方案、决策。

二、现金流量与投资成本

现金流量包括资金流出（*CO*）、资金流入（*CI*）。净现金流量（Net Cash Flow，NCF）＝*CI*－*CO*。资金时间价值就是资金作为生产要素，在扩大再生产及资金流通过程中，随时间的变化而产生的增值。设 G 为资金，W 为生产资料、劳动对象、劳动力，P 为产品，$G'=G+\Delta G$ 就是增值后的资金。

因此，资金增值过程就是：$G\to W$，$W\to P$，$P\to G'$。

资金的时间价值计算过程如下：

利息：

$$I=F-P \tag{5.1}$$

利率：

$$i=I_t/ P\times 100\% \tag{5.2}$$

单利计算：

$$F=P\times(1+n\times i_d) \tag{5.3}$$

复利计算：

$$F_t=F_{t-1}\times(1+i) \tag{5.4}$$

终值计算：

$$F=P(1+i)^n \tag{5.5}$$

其中：I——利息(interest)；

F——还本付息总额(终值 future value)；

P——本金(现值 present value)；

$(1+i)^n$——一次支付终值系数；

$(1+i)^{-n}$——一次支付现值系数、折现系数、贴现系数(discount rate)。

单利没有完全反映资金的时间价值，因此在工程经济分析中单利使用较少，通常只适用于短期投资及不超过一年的短期贷款。我国现行财税制度规定：投资贷款实行差别利率并按复利计算。同样，在工程经济分析中，一般采用复利计息。工程经济分析中，一般是将未来值折现到零期。计算现值 P 的过程称为“折现”或者“贴现”，其所使用的利率通常称为折现率、贴现率或收益率。折现率、贴现率反映了利率在资金时间价值计算中的作用，而收益率反映了利率的经济含义。在工程项目多方案比较中，由于现值评价常常是选择在同一时点，把方案预计的不同时期的现金流量折算成现值，并按现值之代数和大小做出决策。因此，在工程经济分析时，应当注意正确选取折现率和现金流量的分布情况。一般利率采用10%。

多次支付是指现金流量在多个时间点发生，而不是集中在某一个时间点上：

$$P=\sum A_t(1+i)^{-t} \tag{5.6}$$

式中，A_t——第t期末发生的现金流量大小，可正可负，逐个折现。

工程项目投资：一般是指某项工程从筹建开始到全部竣工投产为止所发生的全部资金投入，构成如下：

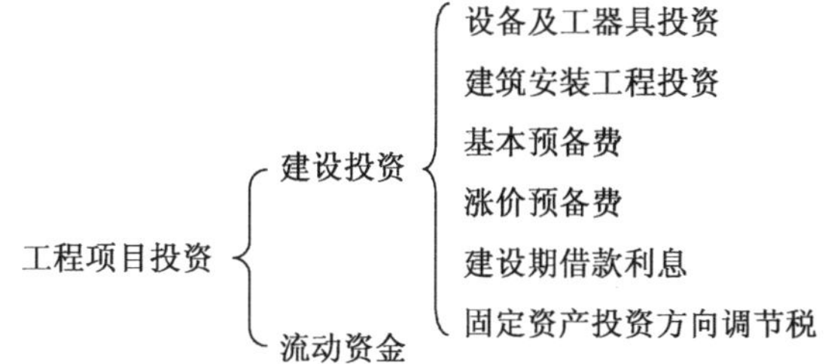

工程项目投入总资金构成：

(1)工程项目生产经营期成本费用。生产成本也称制造成本，是指企业生产经营过程中实际消耗的直接材料费、直接工资、其他直接支出和制造费用。

(2)期间费用。它是指在一定会计期间发生的与生产经营没有直接关系和关系不密切的管理费用、财务费用和销售费用。期间费用不计入产品生产成本，直接体现为当期损益。计算如下：

年成本费用＝外购原材料＋外购燃料动力＋工资及福利费＋修理费＋折旧费＋维检费＋摊销费＋利息支出＋其他费用

(3)其他还包括收入和销售税金和附加利润。

三、经济评价指标体系

根据以上评价方法,将经济评价指标分为静态评价指标和动态评价指标,如下所示:

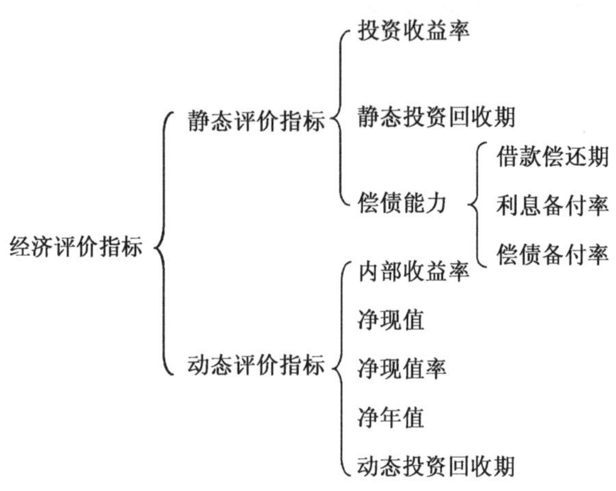

四、技术经济评价方法

(一)风险与不确定性分析

对能源系统评价方法体系的研究成果已有很多,依据评价目的不同而异。有些是针对项目或工程技术的社会经济效益评价,如对风力发电经济性的评价①、对农村能源综合建设项目社会经济效益及可推广性的评价②;有的是侧重环境效益的环境影响评价,如对中国能源利用的环境安全的评价③;还有对不可再生能源或可再生能源开发的资源评价方法,如对地热资源的评估有天然放热量法、平面裂隙法、类比法、岩浆热平衡法、体积法等。

① 冀晓伟.2001.风力发电经济性评价方法的研究[D].沈阳工业大学硕士论文,3.

② 戴林.2001.农村能源综合建设项目社会经济效益及可推广性评价方法探讨[J].农业工程学报,2(17):115-118.

③ 何平.2005.中国能源利用的环境安全及其评价研究[J].中国人口资源与环境,2(15):32-37.

(二)项目财务评价方法

它是我国目前普遍采用的投资项目评价方法。投资项目是否可行的主要依据是要进行财务评价,其中包括财务效果分析和风险分析。在传统的财务评价体系中,主要以投资回收期、净现值和内部收益率这三大指标作为判别标准。

(三)蒙特卡洛随机模拟法(MCS)

蒙特卡洛随机模拟法主要针对不确定环境中的实际工程项目,采用蒙特卡洛模拟进行风险分析,模拟模型考虑了实际存在的非独立随机变量以及不同随机变量的概率分布。目前该方法在能源领域主要应用于风电、水电等工程或项目的经济评价和风险分析。

(四)费用—效益分析法

费用—效益分析法又称为成本效益分析,是通过权衡费用与效益来评价项目可行性的一种方法。费用效益分析于 20 世纪 50 年代开始首先在发达国家的公共项目评价中应用。它有以下优点:从社会角度考虑了项目的效益和费用;效益和费用采用统一的度量单位,因而给出项目的净效益;分析中所用的数据基本上以客观效果为依据;考虑了不同时间发生的效益和费用;有一套系统的分析步骤。费用—效益分析的结果有多种表示方式,包括内部收益率、净现值和效益费用比等。目前,该法已用于环境经济学分析中。

(五)费用年值法

费用年值法主要是指把投资值等值折算成年之后,再与年运行费用相加,取和最小者为最佳经济方案。该法采用资本回收公式,把方案的初投资等额折算到每年并与该年的运行费用求和即可,按下式计算费用年值:

$$A_c = C_i\left[\frac{i\,(1+i)^n}{(1+i)^n - 1}\right] + C_k \tag{5.7}$$

式中:A_c——费用年值,元;

C_i—— 初投资,元;

C_k——年运行费用,元;

i——资金回收系数。

费用年值法计算通用简便，在实际工作中得到了普遍的应用。

(六)净现值法

这种方法使用净现值作为评价方案优劣的指标。所谓净现值，是指特定方案未来现金流入的现值与未来现金流出的现值之间的差额。按照这种方法，所有未来现金流入和流出都要按预定的贴现率折算成它们的现值，然后再计算它们的差额。如果净现值为正数，投资方案可行；反之，则不可行。净现值的计算公式为：

$$\text{净现值} = \sum_{k=0}^{n} \frac{I_k}{(1+i)^k} - \sum_{k=0}^{n} \frac{O_k}{(1+i)^k} \tag{5.8}$$

式中：n——投资涉及的年限；

I_k——第 k 年的现金流入量；

O_k——第 k 年的现金流出量；

i——预定的贴现率。

净现值法所依据的原理是：假设预计的现金流入在年末肯定可以实现，并把原始投资看成是按预定贴现率借入的。当净现值为正数时，偿还本息后投资项目仍有剩余收益；反之，投资项目收益不足以偿还本息。

(七)现值指数法

这种方法使用现值指数作为评价方案的指标。所谓现值指数，是未来现金流入现值与现金流出现值的比率，又称为现值比率、获利指数、贴现后收益—成本比率等。现值指数的计算公式为：

$$\text{现值指数} = \sum_{k=0}^{n} \frac{I_k}{(1+i)^k} \div \sum_{k=0}^{n} \frac{O_k}{(1+i)^k} \tag{5.9}$$

可以看出，现值指数是一个相对数指标，反映投资的效率；而净现值指标是绝对数指标，反映投资的效益。

(八)内含报酬率法

内含报酬率法是根据方案本身内含报酬率来评价方案优劣的一种方

法。所谓内含报酬率,是指能够使未来现金流入量现值等于未来现金流出量现值的贴现率,或者说是使投资方案净现值为零的贴现率。内含报酬率也是相对数指标,但使用内含报酬率法需要事先指定一个基准贴现率(通常是投资者要求的报酬率)作为参照,内含报酬率超过基准贴现率,方案可行;反之则不可行。

(九)生命周期成本分析方法(Life Cycle Cost,LCC)

LCC法是一种项目评价的经济方法,它把由于拥有、运行、维护修理和最终的处置而发生的所有成本都认为是决策相关成本,纳入分析范围,在一定程度上克服了费用—效益分析法分析片面的缺点。

其他还有很多如可避免成本法、投入产出法、时间序列法、指数平滑法、回归分析法等分析方法。可再生能源的合理开发和投资决策需要考虑大量复杂的影响因素。研究将结合项目财务评价方法和LCC法,以非营利性投资项目为原则,且暂不考虑投资的时间价值,以获得可燃气的每立方米成本价格。

五、能源价格

据预测,全球原油中近期的年度平均价格运行区间位于70～90美元/桶的概率较高;预计未来10年LPG价格将徘徊在4 900～6 300元/吨;预计近10年进口天然气到岸价格将在2 800～3 600元/吨。一些能源的价格参考2007年9月的统计信息(见表5.1)。

表5.1　　能源参考单价

能源种类	低热值	密度	价格
液体燃料	MJ/kg	kg/m^3	yuan/kg
原油	42.29	930	5.20
汽油	46.10	740	7.43
柴油	42.50	850	6.02
燃料油(重油)	40.65	970	5.59

续表

能源种类	低热值	密度	价格
气体燃料	MJ/m^3	kg/m^3	$yuan/m^3$
人工煤气	14.65	0.65	1.05
天然气	34.56	0.72	2.10
LPG	45.20	1.90	7.92
固体燃料	MJ/kg	kg/m^3	yuan/kg
秸秆	15.00	50.	0.20
煤	20.93	800.	0.55
其他	MJ/kWh	kg/m^3	yuan//kWh
电	3.60	—	0.52

由于可再生清洁能源的当地化特征，秸秆气和沼气目前在国内还没有明确的市场价格定位，下面就根据不同村镇能源系统规划进行经济性成本分析，获得各地区每立方米燃气价格。

六、沼气系统

由于可再生能源为低热值燃气供热，因此供热系统全部采用室内低温热水盘管辐射系统。敷设方式和面积根据当地居民生活习惯不同而采用炕辐射系统或地板辐射系统。根据第三章的方案优选，设计了六个能源供应方案：a. 集中制气系统——供炊事；b. 集中制气分散供热水系统——供炊事及生活热水；c. 集中制气分散供热系统——供热、供炊事及生活热水；a_1. 分散制气系统——供炊事；b_1. 分散制气分散供热水系统——供炊事及生活热水；c_1. 分散制气分散供热系统——供热、供炊事及生活热水。

初始投资(capital investment)包括：沼气发生装置、气输送管网、室内末端设备、供热设施及其他费用。沼气装置费包括材料费(钢材、涂料等)，用工费(技工、小工劳动报酬和招待费等)；室内末端设备包括灶具、压力计等；供热设施包括快速热水器、室内热水盘管，可根据用量和单价进行计算。

运行成本(operation cost)包括:原料费、电费(主要为搅拌机)、工人工资及其他维护费(如冬季加热费)。发酵原料为人畜粪便,产气率高且进出料方便。由于人畜粪便无确定价格不便计算,视为与产出沼肥的效益相当,忽略不计。

工人工资的确定:以黄柏峪村人工费为基准,按照村镇人均收入水平呈线性变化。

设计日用气量确定:根据各村镇能量指标体系和估计能源效率确定不同种类的能源负荷,选择同时使用系数,从而确定设计日用气量。

表 5.2　沼气系统经济成本分析参数

	项目	单位
基本输入参数	村镇规模	capita
	人均收入	yuan/capita/yr
	全年热负荷	kWh/capita/yr
	炊事负荷	kWh/capita/yr
	生活热水负荷	kWh/capita/yr
	灶具热效率	%
	供热管网热效率	%
	燃气双眼灶同时使用系数	—
	快速热水器同时使用系数	—
	平均池容产气率	$m^3/m^3/d$
	沼气热值	MJ/m^3
	燃气售价	$yuan/m^3$
	系统设计寿命	yr
运行费用	电费	yuan/kWh
	原料费(粪便)	yuan/kg
	工人工资	yuan/capita/m
	工人个数	capita
	维护费	10^4 yuan

续表

	项目	单位
系统各环节造价	沼气池建设	10^4 yuan
	储气罐	10^4 yuan
	室外管网及附件	10^4 yuan
	挖管沟及回填	10^4 yuan
	沼气灶	10^4 yuan
	配套装置	10^4 yuan
	燃气热水器	10^4 yuan
	室内供热设备及附件	10^4 yuan
	不可预见费	10^4 yuan
输出参数	供应方案及其设计日用气量	m^3/capita/d
	全村设计日供气量	m^3/d
	沼气池设计体积	m^3
	储气罐个数	—
	初始总投资	10^4 yuan
	年运行总费用	10^4 yuan/yr
	可燃气成本	yuan/m^3

沼气池容积计算：

$$V=(\text{日产气量 } m^3/d)/(\text{平均池容产气率 } m^3/d/m^3) \tag{5.10}$$

假设能源系统寿命周期(life cycle)为15年，且计算原则为截止到系统报废投资方既不亏损也不盈利，则沼气成本的计算公式为：

$$MC=(OC+CI/LC)/Q_a \tag{5.11}$$

其中：MC——沼气成本；

OC——年运行成本；

CI——初始投资；

LC——系统寿命；

Q_a——全村年用气量。

此处采用简单静态计算法，未采用贴现率计算现金流量。计算所得成本如图 5.1 和图 5.2 所示。若按照当量热法计算沼气的售价，参考上海地区的现行价格，城市燃气为(28MJ/m^3)1.05 yuan/m^3，天然气为(39.6MJ/m^3)2.1 yuan/m^3，则沼气的平均估计售价为 0.96yuan/m^3，图中表现为与 x 轴平行的直线。依据这个水平筛选方案，可以得到直线以下的方案皆为盈利项目，直线以上皆为亏损项目。且集中制气系统的沼气成本比分散制气系统的沼气成本整体高出 20%～30%。

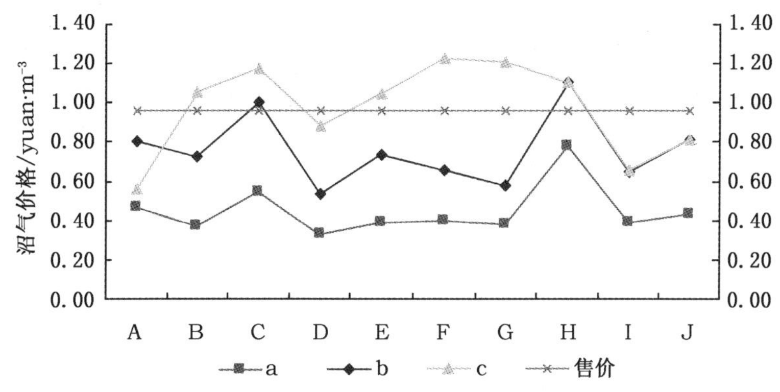

图 5.1　各集中制气系统的沼气成本

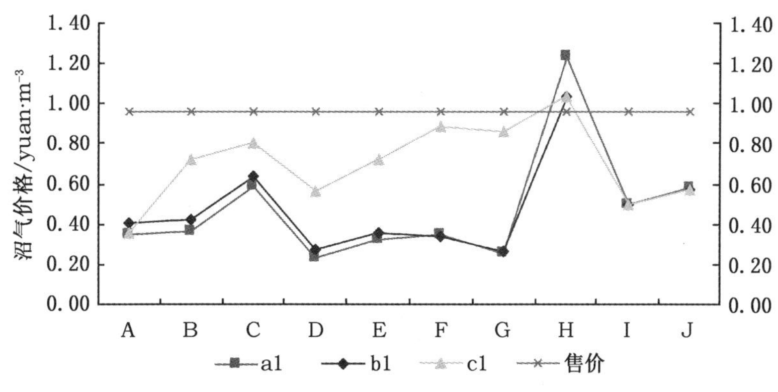

图 5.2　各分散制气系统的沼气成本

由于可再生能源项目的初投资较高，而系统寿命周期仅为 15 年，因此燃气成本与村镇用气量的关系就甚为紧密。利用 Excel 进行数据回归分析，发现“集中制气式”沼气成本与“全村用气量”的分布规律性较弱，将全村用气量改为“人均用气量”效果同样不明显，这是因为经济成本是由除用气量外很多因素造成的。但回归曲线总体趋势均为呈凸函数规律的二次多项式，说明该模式下沼气成本随着人均用气量的增加呈现增长趋势，且达到最高值后呈现下降趋势。

同样对分散制气模式下的沼气成本和全村用气量做数据回归分析，曲线与集中式趋势相似；而沼气成本与人均用气量的回归曲线大致呈凹函数特征的二次多项式(见图 5.3)，说明该模式下沼气成本随着人均用气量的增加而减少，达到最低点后呈上升趋势。

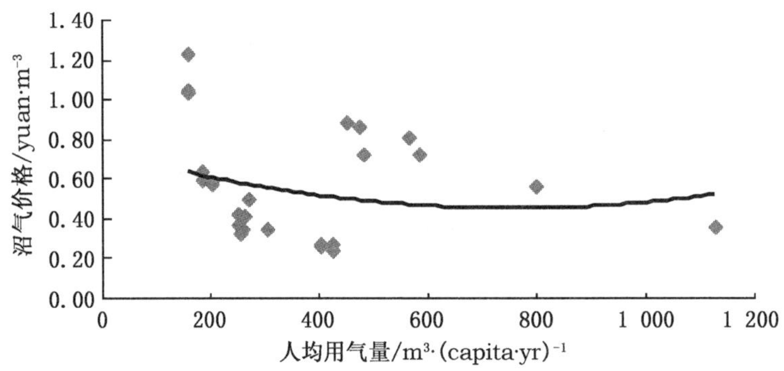

图 5.3　分散制气系统的沼气成本与年人均用气量关系

七、秸秆气化集中供气系统

由于秸秆气化技术目前采用的大多是气化站集中供气模式，因此只分析三种能源方案：a. 集中制气系统——供炊事；b. 集中制气分散供热水系统——供炊事及生活热水；c. 集中制气分散供热系统——供热、供炊事及生活热水。

储气罐数量的确定原则：工人日工作时间不超过 8 h/d。利用 Excel 内置函数 CEILING(number，significance)进行优化计算，该函数解释为将参数 number 向上舍入(沿绝对值增大的方向)为最接近的 significance 的倍数。若采用 FGAS-600 型生物质气化机组，产气量 $600m^3/h$，储气罐每个 $800m^3$。

表 5.3　　　　秸秆气化系统经济成本分析参数

	项目	单位
基本输入参数	村镇规模	capita
	人均收入	yuan/capita/yr
	全年热负荷	kWh/capita/yr
	炊事负荷	kWh/capita/yr
	生活热水负荷	kWh/capita/yr
	灶具热效率	%
	供热管网热效率	%
	机组型号	—
	额定产气率	Nm^3/h
	机组耗电量	kWh/h
	气化效率	%
	燃气双眼灶同时使用系数	—
	快速热水器同时使用系数	—
	秸秆燃气热值	MJ/m^3
	秸秆低热值	MJ/kg
	燃气售价	$yuan/m^3$
	系统设计寿命	yr
运行费用	电费	yuan/kWh
	原料费(秸秆)	yuan/kg
	工人工资	yuan/capita/m
	工人个数	capita
	维护费	10^4 yuan

续表

	项目	单位
系统各环节造价	生物质气化机组	10^4 yuan
	储气罐	10^4 yuan
	气化站机房设计及土建	10^4 yuan
	室外管网及附件	10^4 yuan
	挖管沟及回填	10^4 yuan
	秸秆燃气灶	10^4 yuan
	配套装置	10^4 yuan
	燃气热水器	10^4 yuan
	室内供热设备及附件	10^4 yuan
	不可预见费	10^4 yuan
输出参数	供应方案及其设计日用气量	m^3/capita/d
	全村设计日供气量	m^3/d
	气化机组台数	m^3
	储气罐个数	—
	初始总投资	10^4 yuan
	年运行总费用	10^4 yuan/yr
	可燃气成本	yuan/m^3

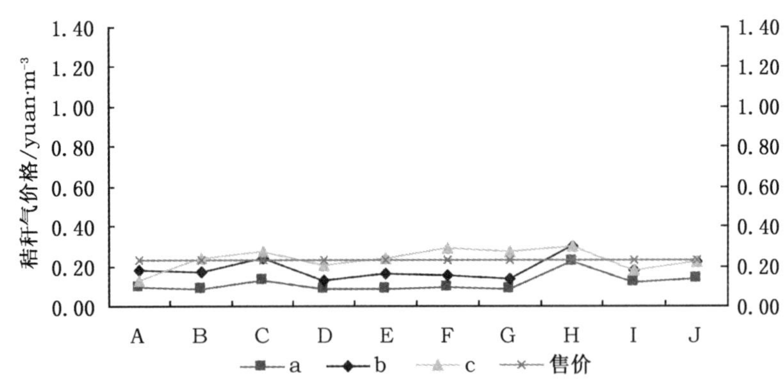

图 5.4　各集中制气系统的秸秆气成本

由图 5.4 可知，同一地区秸秆气的成本较沼气低，且基本在 0.2yuan/m^3 上下浮动，根据热值比法计算所得的秸秆气价格为 0.23 yuan/m^3，依据此售价水平筛选方案可知各个村镇大部分方案皆为盈利项目，只有少数为亏损项目。若考虑动态投资及资金贴现率，从收益方来看，应使建设项目早日投产；从投资方看，尽量减少建设初期投资额，加大建设后期投资比重。

八、 经济性成本(EcC)的确定

上一节通过利用当地资源和可再生能源转换技术经济性分析得到不同地区的可再生清洁能源沼气和秸秆燃气的单位立方米价格，根据不同地区能源消耗特征和能源优化系统，可以算出人均燃气需求量，从而得到不同能源方案的年人均能源消费量。

$$EcC_i = Q_i \times MC_j \tag{5.12}$$

其中：EcC——各方案经济性成本；

Q——年人均用气量；

MC——沼气成本；

i——能源方案标号，$i = A_0, A_1, A_2, \cdots$；

j——村镇标号，$j = A, B, C, \cdots$。

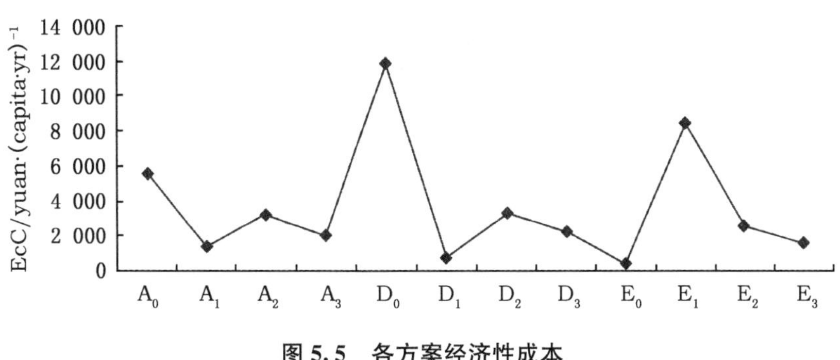

图 5.5　各方案经济性成本

如图 5.5 所示，直接燃烧秸秆方案（A_1、D_1、E_0）的经济成本都较低，这也是农民为什么更愿意选择秸秆、柴薪作为直接燃烧能源最重要的因素。而只要方案中选择 LPG 为供应能源中的一种，就会使得整个系统经济性成本升高很多，这是由于 LPG 的高市场价格所造成的。

由于世界市场合同价格的提高，世界各大石油公司在 2007 年 12 月已把液化石油气产品的价格每千克提高了 1%，尽管世界油价出现下跌，然而世界各大石油公司还是提高了石油产品的泵送价格。由于国际合同价格 2007 年底开始下降，因此液化石油气(LPG)产品的价格在 2008 年初开始下降，这是符合发展趋势的。

第二节　环境性成本分析(EvCA)

环境经济学是环境科学与经济学之间交叉的边缘学科[①]，主要研究领域包括：如何估算对环境污染造成的损失，包括直接物质损失、对人体健康的损害和间接的对人的精神损害；如何评估环境治理的投入所产生的效益，包括直接挽救污染所造成的损失而取得的效益和间接的社会、生态效益；如何制定污染者付费的制度，确定根据排污情况的收费力度；如何制定排污指标转让的金额。环境经济学研究如何充分利用经济杠杆来解决环境污染问题，使环境的价值体现得更为具体，将环境的价值纳入到生产和生活的成本中去，从而阻断了无偿使用和污染环境的通路。经济杠杆是目前解决环境问题最主要和最有效的手段。

一、环境成本评估方法

概括地讲，环境成本是由于人类活动所造成的环境污染或生态破坏所带来的经济损失。目前，如何对环境污染或生态破坏所造成的经济损失进行计量，国内外已进行了大量卓有成效的研究工作。这些工作大体上可分

① Allen K.K.and C. S. Russell.1987.Environmental economics[J]. The New Palgrave：A Dictionary of Economics，2：159－164.

为两个方面：一是计量理论和方法的研究；二是对特定区域环境污染或生态破坏价值评估的实证研究。

(一)计量经济学方法(econometrics)

计量经济学是结合经济理论与数理统计并以实际经济资料做定量分析的研究方式。

剂量—反应关系法(dose-response)，首先将环境价值作为一个整体，运用费用—效益分析方法[①]，通过对环境价值与经济活动关系的分析，寻找主要影响因素，建立关系方程；然后利用大量数据分析并回归得出方程的参数，或先建立某一地区总环境负荷量与总的环境损失间的关系，得到关系方程；然后根据该方程得出每增加单位环境负荷而增加的环境损失量。如程红光等(2001)利用呼和浩特市水环境状况的多年数据(1993～1998年)，以COD为主要污染物得出的“损害函数”；于江涛(1998)通过对环境价值与经济增长关系的研究，提出了环境污染损失估价的索洛方程，并通过环境质量指数的构建表征环境价值存量，具有一定的理论价值；Smil(1996)利用简化的总量假设估算方法，借助一定假设和已知数据推算环境污染损失；国家环保局、世界银行(1997)采用剂量—反应关系的形式估算水污染损失；珠江流域水资源保护局所提出的水污染损失计算模式，都是基于这一思想。这种方法能够反映污染与经济损失之间的定量关系，可用于现状的评估和预测。其不足之处是需要大量的时间序列数据，同时其隐含的前提条件是认为每一份环境负荷都确实造成了相应的损失。应该说，目前这种前提条件在我国的大多数地方都是成立的，因为我国大多数地方的环境都已受到了不同程度的污染，即已经超过其自净能力。在数据有限时作为一种粗略估计，可假设某一时段环境损失与环境负荷量之间呈线性关系，这样就可以根据有限的数据量得到单位负荷的环境成本。比如，中国曾在20世纪90年代进行过多次全国性的水污染经济损失评估工作。从这些工作可以粗略地得到

---

① 王金南.1994.环境经济学——理论·方法·政策[M].北京：清华大学出版社.

90 年代初期中国单位废水排放引起的经济损失在 0.92～1.27 元/吨之间(1990 年不变价)，平均为 1.04 元/吨。辛锟和陈涛(1998)利用模糊数学法和间接定价法得到某企业 1993 年平均每排放 1 吨废水的损失为 0.57～0.68 元。葛吉琦(1992)对太湖地区水污染造成的经济损失研究表明，1985～1988 年平均每排放 1 吨废水造成的损失为 0.94 元。孙晓青和陈国辅等(1997)的研究表明，唐山矿产资源开发中的生态环境成本大约为煤矿 1.91 元/吨，铁矿 2.94 元/吨，灰岩矿 0.63 元/吨，金矿 6.25 元/吨。郑易生(1997)的研究表明，1993 年全国工业固体废物排放造成的污染损失(包括占地)为 5.35 元/吨。

其他计量法还有:①差额计量法，是指在进行环境投资支出时将支出总金额减去没有环境保护功能的投资支出的差额，其后的折旧额也按这种差额的折旧进入环境成本[①]。其典型应用是对带有环境保护功能的耐用资产投资和环境材料的采购等。例如，企业采购了一批环保型车，支出成本为 300 万元，而没有环保功能仅具有行驶功能的普通汽车购买成本为 250 万元，则将这 50 万元差额在折旧年限内作为环境成本的折旧费用。②全额计量法，是指针对某一环境问题的解决而专门支付了成本金额，在会计上将其金额的全部计入环境成本，典型业务有环境保护专设机构的费用、环境保护技术的研究开发费用、环境管理体系的构建费用、环境污染治理等的专项投资、环境报告的编制成本等。③按比例分配计量法，是指将与产品生产密切相关的污染治理费用按一定比例分配计入到各种产品的制造成本中去。比如，作为辅助工程车间的污水治理费用、各生产车间的废弃物处理成本等。这种方式有些国家也在采用，例如德国于 1995 年施行欧盟环境管理审计的 EMAS 规则以来，一些企业就采用按比例分配计量方法将环境费用分配计入到产品制造成本中。

(二)分解求和法(decomposition-summation)

这种方法的基本思想是分解求和，即利用结构分解，将环境或生态价值

① 徐玖平，蒋洪强.2006.制造型企业环境成本的核算与控制[M]. 北京:清华大学出版社，1.

分为若干部分，寻找各部分的市场替代品，将其替代品价值之和作为环境或生态服务价值[①②]。这种方法已被广泛使用，缺陷是由于在分解过程中很难保证各损失之间的“独立性”和“穷尽性”，所以往往会造成重复计算或有漏失项。

（1）生产函数法（production function），或市场价值法。其基本思想是把环境质量作为生产要素，其变化导致生产率和生产成本的变化，从而导致价格和产出水平的变化。由于价格和产出水平的变化可以用市场价格和数量的变化来表示，所以这种变化的价值可以作为环境质量变化的经济价值。如环境影响涉及生产性资源（土地、水库）的损害时，可通过对这些资源生产力的减少来估计环境影响的损失大小，如农作物减产、捕鱼量下降、灌溉及发电量减少等。

（2）人力资本法（human capital）。可用于计算人体健康损失，将人自身的生产能力作为计量环境影响的尺度，观察由于环境变化造成的收入损失和医疗费用。人力资本是指体现在劳动者身上的资本。它主要包括劳动者的文化技能程度和健康状况，相应的人力投资的成本包括个人和社会用于教育和卫生保健的支出，而人力投资的收益则包括个人受教育和医疗卫生保健带来的个人追加收入和社会效益。为避免重复计算，人力资本只计算因环境质量的变化而导致的医疗费用的开支，以及因劳动者生病或过早死亡而导致的个人收入损失。前者相当于因环境质量变化而增加的病人数与每个病人的平均治疗费的乘积，后者相当于环境质量的变动对劳动者预期寿命和工作年限的影响与劳动者预期收入现值的乘积。所以，人力资本法又称收入损失法。应用经济学的重要性在公共健康（public-health）领域从20世纪80年代开始就渐渐凸显，在这方面已经有很多研究成果，例如如何将有限的公共资源最大限度地应用于挽救生命或最大增幅生命质量，而不至于造成浪费。

---

① 郑易生，阎林，钱红. 1999. 90年代中期中国环境污染经济损失估算[J].管理世界，2:197.

② 过孝民，张慧勤，李平.1990.我国环境污染造成的经济损失估算[J].中国环境科学，10(1):51—58.

(3)机会成本法(opportunity cost),或最佳控制成本法(optimum-control cost)。任何决策若必须做出唯一选择,被舍弃掉的选项中的最高价值者即是本次决策的机会成本。机会成本对商业公司来说是利用一定的时间或资源生产一种商品时失去生产其他最佳替代品的机会;而在环境领域则是以环境资源的其他用途的预期收益来估计环境资源破坏所造成的经济损失。该法的原理就是把采用最佳策略控制或削减某种环境影响因子排放的机会成本看作是对其排放所造成损失的估计。如把在其他地方采用最佳策略削减 n 吨 CO_2 的成本看作是某种产品排放等量 CO_2 所造成的环境损失。最佳控制成本的确定可参考 Fankhauser(1993)和 Maddison(1994)等对温室气体机会成本的估算。其基本原理是先假定一个基本排放量,然后依据碳循环模型得出大气中 CO_2 浓度的预测值,随后得到全球 CO_2 升高到该浓度时全球气温的变化量。气温的升高作为全球环境变化的指标,而这种变化被认为对经济造成了损害。这些损害以"破坏函数"的方式加以量化。最后,通过计算机反复搜索,可以根据建立的模型找到某一时期内减少排放的最佳策略。在每一时期内消除最后 n 吨碳的社会边际费用(marginal expense)正好等于已避免的与气候变化有关的损害的边际效益。这种减少排放的策略即称为"最佳控制"策略,与最佳控制策略相关的成本即是温室气体单位排放量的影子价格,也是对最后一个单位排放量所造成的边际破坏价值量的估计。

(4)支付意愿法(willingness to pay)。可用于计算景观损失①和健康损失②,如在缺乏市场价格甚至于连市场替代价格都无法观察的情况下,通过调查人们对环境物品或服务的支付意愿(willing to pay)或受偿意愿(accepting to pay)来评价环境资源的价值或受损价值。它要求人们对环境质量变化 $\Delta q = q_1 - q_2$ 的支付意愿,可以通过两种方式求得:第一,在方法设计中直

① 刘鸿亮.1988. 环境费用效益分析方法及实例[M].北京:中国环境科学出版社.

② 阚海东.2003.上海市能源方案选择与大气污染的健康危险度评价及其经济分析[D].复旦大学博士论文,4.

接调查人们对 Δq 的支付意愿或受偿意愿；第二，在方法设计中调查人们对环境质量诸多变化的支付意愿或受偿意愿，建立支付意愿或受偿意愿方程，根据方程求出环境质量某种变化的价值。

(5)影子价格法(shadow pricing)。是荷兰经济学家詹恩·丁伯根在20世纪30年代末首次提出来的、运用线性规划的数学方式计算的、反映社会资源获得最佳配置的一种价格。他认为，影子价格是对“劳动、资本和为获得稀缺资源而进口商品的合理评价”。1954年，他将影子价格定义为“在均衡价格的意义上表示生产要素或产品内在的或真正的价格”。联合国把影子价格定义为“一种投入(比如资本、劳动力和外汇)的机会成本或它的供应量减少一个单位给整个经济带来的损失”。例如，在计算某一区域环境污染或生态破坏所带来的损失时，以未受损的同样大小和类似生态功能的环境所具有的总收益作为该区域的损失。也就是用非实际存在的“影子价格”把环境功能价格化的一种方法，先分别计算环境中各种功能的“价值”，而后求出环境的总价值。例如，求森林公益价值时，假定森林并不存在，要用另外的方法来取得现有森林所起的对社会有益的效果究竟每年要花多少支出，就把这笔费用作为森林的公益价值。

(三)恢复费用法(clean-up cost)

恢复费用法通过恢复受损环境或生态系统到原有状态所需费用来衡量环境污染或生态破坏造成的经济损失。该方法不关心污染发生以后所造成的复杂影响，而仅从污染源角度出发，计算削减污染排放的费用。因此，该法具有简单、易行的优点，在国际上得到了较为广泛的应用。使用该法所需要的信息数据可通过两种途径获得：一是直接调查环境损害的恢复费用；二是通过恢复工程的成本核算来获取相关数据。另外，使用该法实际上隐含着许多假设条件，其中最重要的是它假设所恢复状态与原有的资源环境的功能具有完全替代性。实际上，这种恢复替代的完全性基础是很脆弱的。另外，该法没有考虑污染或破坏的累积效应，也没有考虑不同污染排放方式的实际影响的不同，因此计算结果与实际损失差异往往较大。

(四)生命周期环境成本法(life cycle environmental costs, LCEC)

LCEC是指与产品原材料生产、产品制造、运销、使用和最终报废处理处置全过程相关的环境成本。这种成本不但包括环境实物型损失,如由于环境质量下降造成的产品产量和质量下降以及人体健康损害等,还包括环境功能性损失,如休闲娱乐和景观美学价值的损失等。具体可包括损害费用、消除或防护费用、事务费用三个方面。损害费用,是指产品生命周期过程中由于资源消耗和环境排放对社会、经济和自然三个方面造成的损失。例如,有害废水排放到河里使水产品遭受到的损失,由污染引起疾病的治疗费、误工费和提前死亡造成的经济损失,因污染造成生态环境恶化使野生动植物资源数量、质量下降的损失,对可再生资源的过量开发造成的资源枯竭损失等。消除或防护费用,是指人们为消除、减少或避免污染而带来的费用。如为了防止噪声而购买隔音设施的费用,为减少二氧化硫排放而投入的脱硫装置费、为减少COD排放而投入的污水处理设施费等。事务费用,是指搜集与污染有关的信息(特别是污染监测)以及为防治污染而做的准备等所花的费用。产品环境成本中目前有一部分已经纳入现行会计体系,如污水处理设施费、运行费、相关的行政管理费等。这里要讨论的是如何评估那些尚未纳入会计系统的外部环境成本。理论上讲,要得到产品LCEC,需要两个主要参数:一是产品生命周期总的环境负荷(environmental loads, EL)数据,二是平均单位环境负荷造成的经济损失(unit environmental cost, UEC)。EL可由LCA中的生命周期清单分析(life cycle inventory, LCI)获得,具体方法可参见有关文献。而UEC则必须通过一定的方法计算得到。这样,产品生命周期环境成本(LCEC)就可用以下公式计算得到:

$$LCEC = \sum EL_i \times UEC_i \tag{5.13}$$

式中:EL_i——某种环境负荷量;

UEC_i——该种环境负荷的单位成本。

可见,要得到LCEC的关键之一是要得到UEC_i的值。

二、UEC_i的确定

由于环境负荷所造成的损失是多种多样的，而且损失量的大小常受多种因素的影响，如受污染的对象、地理区位、气候条件、时间条件等，因此，目前多数的评估结果都只能看作是真实环境成本的近似值。实践表明，不同研究者所采用的评估方法和参数多有不同，所得结果往往差异很大，如由Bell K.(1994)概算得到的世界37个政府机构、公共事业单位或研究机构使用的单位污染气体排放费用，最大值与最小值之间常有数量级以上的差异，如表5.4所示。

表5.4　　**世界37个机构使用的空气污染单位损失价值**　　单位:美元/吨

污染物	最小值	最大值	平均值	中间值	机构数
CO	500	1 000	842	907	6
CO_2	2	84	25	20	26
CH_4	100	740	326	375	9
NO_2	42	40 000	8 212	4 209	36
N_2O	3 700	4 158	3 880	3 700	5
SO_2	405	21 185	4 011	1 793	34
H_2S	1 800	1 800	1 800	1 800	1
VOC	340	21 175	5 986	3 300	15
TSP	167	8 780	3 401	2 496	20

因此，在进行不同结果的比较分析时，要充分考虑到它们之间的可比性，不可盲目下结论。第三章LCA环境排放因子包括PM、SO_X、NO_X、CO、NMHC、CH_4、N_2O、CO_2，由于每种污染的环境影响途径不同，其环境价格转化也是通过不同途径完成的。但是，若根据不同阶段来解析整个LCA计算系统，将会导致工作复杂程度的升级，因此需要将分析过程简化。基于以下两点假设(hypothesis):①下游阶段的能源系统末端未采用除污设备，整个

生命周期内 LCI 输出污染物全部排放并扩散至室内外大气中。②清单环境排放分别按全球变暖潜在影响(GWPs)、人体健康影响(human health-damaging)和局域环境污染三种影响进行分类。

全球变暖潜在影响。近些年来,CO_2等温室气体导致的全球变暖已经成为世界十大环境问题之首。为了减少CO_2等温室气体的排放,减缓全球气候变暖趋势,世界各国做出了许多努力,并在 1997 年 12 月日本京都召开的《联合国气候变化框架公约》第三次缔约方大会(COP_3)上通过了具有历史意义的《京都议定书》。《京都议定书》在为发达国家明确规定温室气体的具体减排目标与完成期限的同时,也引入了 3 个灵活机制(京都机制),清洁发展机制(Clean Development Mechanism,CDM)是其中之一。CDM 是《京都议定书》所规定的国家在境外实现部分减排承诺的一种履约机制,为减少全球温室气体的排放,减缓温室效应,将发展中国家实现的温室气体减排额度卖给发达国家,以实现全球范围内温室气体减排的目标。清洁发展机制有两个主要目的:一方面协助发展中国家缔约方实现可持续发展和有益于《联合国气候变化框架公约》的最终目标;另一方面协助包括欧盟等国在内的 41 个工业化国家实现议定书中规定的其量化的限制和减少排放的承诺。清洁发展机制允许发达国家通过提供资金和技术的方式,在发展中国家开展温室气体减排项目并据此获得"可核证的减排量"(certified emission reductions,CERs),发达国家可以用所获得的减排量来抵减本国的部分减排义务,以完成在京都议定书第三条下的承诺(在 2008 年至 2012 年承诺期间削减到 1990 年水平之下 5.2%)。在第一承诺期内,发展中国家不承担任何减排义务。我国有丰富的新能源和可再生能源资源以及潜在的巨大市场,发展速度也比较迅速,但要实现产业化发展,目前主要存在技术、资金、市场、机制等方面的障碍。CDM 机制无疑为我国引进发达国家资金和技术,提供了一个机会。有关政府部门、企业和研究咨询机构应利用好这个机会,使之最大限度地服务于我国经济、社会和环境的协调和可持续发展,在此过程中新能源产业也将获得丰厚的利益和极大的发展。每吨CO_2的市场价格可以在 EUA Carbon Prices 网站上查询，例如 2008 年的碳排放价格为 17€/tCO_2e。由于 CH_4、N_2O、CO_2 都属于温室气体（GHG），若采用碳当量法确定，取 CO_2 当量系数为单位 1，则 N_2O 和 CH_4 的当量系数分别取 21 和 310（100 年全球变暖潜力当量系数）。

人体健康评价采用人年损失法（lost life years）。能源使用对公共健康（public health）的影响主要是通过空气污染、职业病危害、大范围灾害或温室气体排放导致的全球变暖等。流行病学研究将居民大气污染暴露与健康效应终点的变化相关联，是定量评估大气污染健康危害的基础。大气指示性污染物包括可吸入颗粒物、二氧化硫和二氧化氮，由于它们存在共同的污染源，因此各污染物浓度之间的显著相关性（共线性）使得目前的流行病学研究尚不能把与大气污染相关的健康效应特异地归因于某种污染物。因此，机械地把不同大气污染物计算所得的健康效应相加会引起“重复计算”、过高估计大气污染健康效应的问题。世界卫生组织（WHO）发起的全球比较风险评估项目（CRAP）中，2000 年室内燃料燃烧产生的室内外颗粒物污染至少导致 240 万早产儿死亡①，目前公认在各种大气污染物中颗粒物（包括 TSP、PM_{10}、细颗粒物 $PM_{2.5}$）与人群健康效应各终点的流行病学联系最为密切，如 SO_2、NO_2、PM_{10} 的分项健康损害成本分担率分别为 12%、11%、77%②，因此采用目前国内广泛监测的 PM_{10} 作为指示性污染物来估算大气污染的健康效应。如 Prof. Kirk Smith 和 UC, Berkeley 采用相同的生存曲线（survival curve）即无论贫富贵贱面对疾病死亡采用同样的生命期望值，得到的单位人年经济损失为 374/DALY（disability-adjusted life years）。

局域环境污染。由于目前尚不能得到中国在污染气体影子价格方面的数据，因此本文只能暂时采用国外的研究成果，以作为一种尝试。利用影子

① Kirk R. S. and E. Haigler. 2008. Cobenefits of climate mitigation and health protection in energy systems: scoping methods[J]. Annu. Rev. Public Health. 29: 18.1—18.15.

② 张清宇. 2007. 大气污染健康损害成本估算方法及应用的研究[D]. 浙江大学博士论文, 6.

价格法来计算局域大气污染成本①，见表 5.5。

表 5.5　　　　影子价格

污染物	影子价格(dollar/t)
SO_X	353.1
NO_X	304.0
CO	16.7
NMHC	2 210

基于以上假设，将环境成本计算程序与 LCI 环境因子输出耦合，计算得到生命周期评价 12 种能源方案的环境成本如图 5.6 所示。

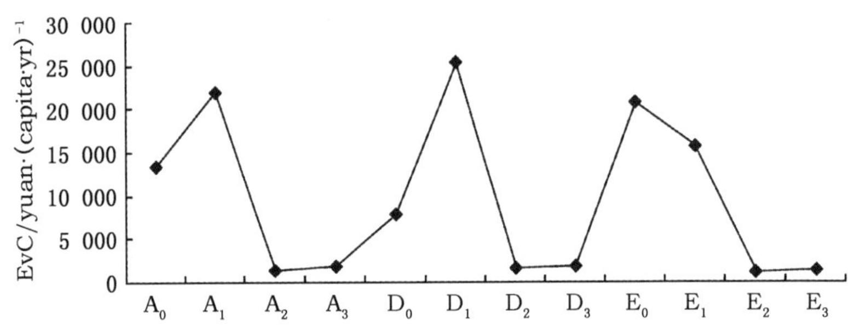

图 5.6　各方案环境成本

可以看出秸秆气化系统（A_2、D_2、E_2）和沼气系统（A_3、D_3、E_3）相比传统能源供应模式的环境成本较低，环境友好性非常明显；但是，前面分析的经济成本较低的直接燃烧秸秆方案（A_1、D_1、E_0）都属于高环境成本系统，因此需要考虑综合成本以得出最终低成本结论。

① 王寿兵. 1999. 中国复杂工业产品生命周期生态评价方法与实例研究[D]. 复旦大学博士论文，11.

第三节　综合成本分析(Integrated Cost Analysis)

由图5.7和图5.8可以看出,经济成本很小的秸秆直接燃烧方案A_1、D_1由于环境成本的贡献使得综合成本超过原始方案;清洁可再生能源方案A_2、A_3、D_2、D_3、E_2、E_3虽然经济成本相对值较大,但其综合成本绝对值在所有能源方案里都很小(小于5 000yuan/capita)。将综合能源成本占人均总收入的百分比表示为经济承受力,则可以得到图5.9的结果。

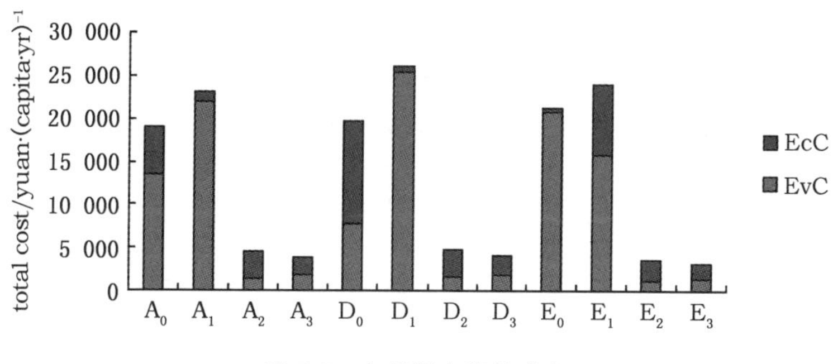

图5.7　各能源方案总成本

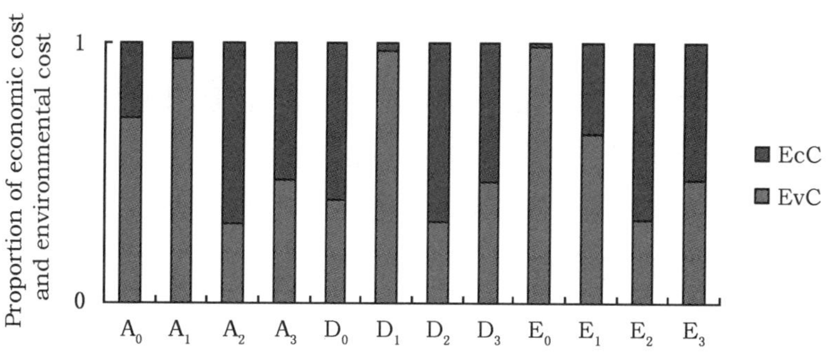

图5.8　各方案环境经济成本比例

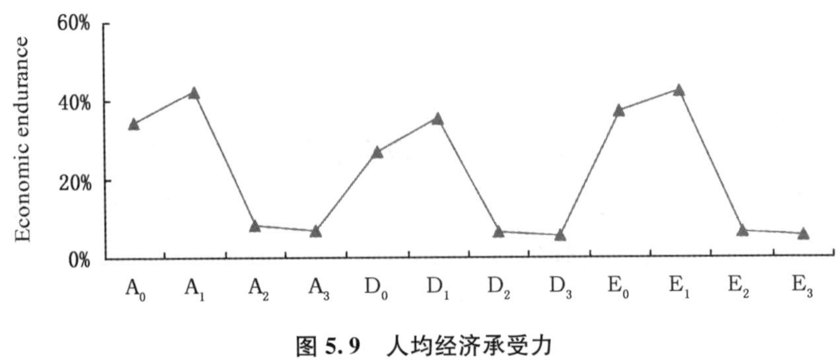

图 5.9　人均经济承受力

如果以 A、D、E 村当前的能源消费比(不含环境成本)14.62%、10.31%、9.63%为参考标准,即使计环境成本,清洁可再生能源方案 A_2、A_3、D_2、D_3、E_2、E_3也都在农民经济可承受范围之内,再次证明了清洁可再生能源方案的经济性和环境友好性。

第四节　本章内容小结

(1)由于可再生能源项目的初投资较高,而系统寿命周期仅为 15 年,因此燃气成本与村镇用气量的关系就甚为紧密。利用 Excel 进行数据回归分析,发现"集中制气式系统"沼气成本与"全村用气量"的分布规律性较弱,将全村用气量改为"人均用气量"效果同样不明显,这是因为经济成本是由除用气量外很多其他因素造成的。但回归曲线总体趋势均呈凸函数规律的二次多项式,说明该模式下沼气成本随着人均用气量的增加呈增长趋势,且达到最高值后呈下降趋势。同样,对分散制气系统的沼气成本和全村用气量做数据回归分析,曲线与集中式趋势相似;而沼气成本与人均用气量的回归曲线大致呈凹函数规律的二次多项式,说明该模式下沼气成本随着人均用气量的增加而减少,达到最低点后呈上升趋势。

(2)同一地区秸秆气的成本较沼气低,且基本在 0.2yuan/m^3 上下浮动,根据热值比法计算所得的秸秆气价格为 0.23 yuan/m^3,依据此售价水平筛选方案可知各个村镇大部分方案皆为盈利项目，只有少数为亏损项目。若考虑动态投资及资金贴现率，从收益方来看，应使建设项目早日投产；从投资方看，应尽量减少建设初期投资额，加大建设后期投资比重。

(3)直接燃烧秸秆方案(A_1、D_1、E_0)的经济成本都较低，这也是农民为什么更愿意选择秸秆、柴薪作为直接燃烧能源最重要的因素。而只要方案中选择LPG为供应能源中的一种，就会使得整个系统经济性成本升高很多，这是由于LPG的高市场价格所造成的。

(4)秸秆气化系统(A_2、D_2、E_2)和沼气系统(A_3、D_3、E_3)相比传统能源供应模式的环境成本较低，环境友好性非常明显；但是，前面分析的经济成本较低的直接燃烧秸秆方案(A_1、D_1、E_0)都属于高环境成本系统，因此需要考虑综合成本以得出最终低成本结论。

(5)如果以A、D、E村当前的能源消费比(不含环境成本)14.62%、10.31%、9.63%为参考标准，即使计环境成本，清洁可再生能源方案A_2、A_3、D_2、D_3、E_2、E_3也都在农民经济可承受范围之内，再次证明了清洁可再生能源方案的经济性和环境友好性。

(6)假设清单环境排放分别按全球变暖潜在影响(GWPs)、人体健康影响(human health-damaging)和局域环境污染三种影响进行分类，但生命周期成本分析应包括各个环节的经济及其环境成本，由于LCI高阶环境排放在计算时是耦合在一起的，无法根据阶段功能影响进行分解，也是这部分工作的不足之处。

(7)提出村镇能源系统的低成本概念的新范畴及评价体系，包括经济低成本和环境低成本两部分，为村镇能源系统的低成本评价体系建立了理论框架雏形。其中，经济成本建立在经济性分析基础上，获得“当地化燃气成本”；环境成本是基于生命周期清单环境排放数据，分别按全球变暖潜在影响(GWPs)、人体健康影响(human health-damaging)和局域环境污染三种影响进行分类，并对3个典型村镇12个能源方案进行案例分析，将环境成本内部化。

第六章

村镇低成本能源系统评价指标体系构建及案例研究

第一节 能源系统评价方法①②③

能源系统工程主要是对能源系统中各类活动作预测、计划、安排和管理,以及对这些规划和安排的各种方针作评价分析。到目前为止,用得较多的有能量平衡法、净能量分析法和层次分析法,但有时候方法的使用不是单一的,通常也会结合使用。

一、能量平衡法

能量平衡中极重要的是热平衡,因为热是能量利用中的主要形式。但热平衡只是能量平衡的初步阶段,随着管理水平和技术水平的提高,将逐步过渡到包括动力、照明等在内的全部能量平衡。同时,还将从单纯的数量平

① 刘豹,寇纪淞. 1991. 能源系统工程[M].北京:机械工业出版社,3.

② 邱大雄. 1995. 能源规划与系统分析[M].北京:清华大学出版社.

③ 清华大学核能技术研究所能源系统研究室,能源规划与管理北京训练中心. 1986. 能源规划与系统模型[M].北京:清华大学出版社.

衡逐步发展到既考虑质量又考虑数量的㶲平衡。企业能源利用率直接反映了企业能源转换设备和用热设备的效率，以及企业内部热量回收和利用的水平。能源利用率是衡量企业用能水平的有效指标，它在同类企业中具有可比性，适用于地区甚至全国的能源利用率的计算，但对于某类企业，如化工、石油、建材等，在它们的多数工艺过程中有化学热反应，或常采用有效热的多次重复利用，它们的能源利用率较高。如把这些较高的能源利用率和其他类型工业相比，就会妨碍本企业中能源利用率的进一步提高，在这种情况下，还应当计算有关装置的能量利用率。

二、净能量分析法

净能量是指一个能源系统（能源转换系统或设备）在它整个服务年限内提供消费的能量（即其输出能量）与建造、运行该系统所需直接和间接消费的能量的差额。净能量分析就是分析能量转换系统的净能量额，从而可以计算该系统的净能量产额，以及回收所投入能量的年限。通过细节分析，即通过对系统中各工艺环节耗能量的计算，还可对该系统提出节能方向。对于一种新能源系统，净能量分析是从能量角度作评价的手段，是能源系统技术经济分析的重要补充。

三、㶲分析法

环境会计是会计学的新兴分支，其在我国的发展与应用尚处于起步阶段。环境会计应用中所需解决的有两个方面问题：外部环境成本内部化和内部环境成本的分配。对于前一个问题现阶段应以污染防治基础为主，对各种外部环境成本加以确认与计量，并以各种外部强制力量结合调动企业自我约束的自觉性与主动性的激励机制解决将外部成本内部化的动因问题。对于后一个问题可行的方法是采取作业成本法，将产生环境影响的作业单独确认并建立相应的作业成本库，进而为之确定适合的成本动因，以合理分配各种环境成本①。

① 徐瑜青，王燕祥，李超.2002.环境成本计算方法研究——以火力发电厂为例[J].会计研究.3.

四、层次分析法

“层次分析法”(AHP)建立可再生能源开发及投资决策的评价体系,可将定性的综合决策转化为具体的定量决策[①]。用AHP解决问题,大致可分为五个步骤:一是明确问题,建立层次结构;二是构造判断矩阵;三是层次单排序;四是层次总排序;五是一致性检验。目标层是所需决策问题的内容及目标。准则层是决策问题的各主要影响因素:一是资源量,反映可再生能源的丰富程度,主要从蕴藏量、能流密度、能源品位等方面来衡量;二是技术水平,可再生能源的开发利用属于高新技术范畴,技术储备是可再生能源开发利用的根本保证;三是经济效益,各种能源的开发费用以及利用该种能源的设备费用相差悬殊,运输费用与能耗在能源利用中也应考虑;四是环境与社会效益,使用能源要考虑对环境的影响,同时会产生一定的社会效益。措施层提供了问题的解决方案。其他的还有能流分析图法、投入产出法等。

第二节 村镇低成本能源系统评价指标体系的构建

指标体系是由一系列相互联系、相互制约的指标组成的科学的、完整的总体,它应反映出所要解决问题的各项目标要求。村镇能源系统评价是一个多指标多层次系统评价问题。指标的合成是通过一定的算法,将多个指标对事物不同方面的评价值综合,得到的一个整体性的评价。

一、指标体系的特征[②][③]

第一,数量性。任何一种指标都是从数量方面来反映它要说明的对象

① 余有芳.2006.基于层次分析法的可再生能源开发及投资决策[J].农机化研究,(2):61－63,66.

② 马世忠.2006. 循环经济指标体系与支撑体系研究[D]. 中国海洋大学博士论文,6.

③ 庞敦之.2006.区域经济发展环境指标体系及优化方案设计——以山东省为例[D]. 中国海洋大学博士论文,6.

的。人们构建指标的基本目的，就是要将复杂的社会经济现象变为可以度量、计算和比较的数据、数字、符号。指标对社会经济现象的数量反映，有的是直接的，即直接通过指标来表现社会经济现象的数量、规模、水平和程度，如人口数量、人口自然增长率、人均生活费用等指标；有的是间接表示社会经济现象的水平、强度的，如人口的平均受教育年限就是间接表现人口的文化水准的。

第二，综合性。人们设计指标的另一个目的，就是要通过它来认识社会，研究一些复杂的现象，揭示社会经济现象的规律性。社会经济指标是从数量方面对某一社会经济现象的总体规模和特征进行反映的，而不是对单个的个体现象的反映。

第三，替代性。指标并不是社会经济现象的本身，它是某种社会经济现象、社会经济状态、社会经济活动的代表，例如用居民人均收入、恩格尔系数、居民收入增长率、GDP 增长率、基尼系数等指标来说明生活质量状况。这些指标只是生活质量状况的替代物，并不是生活质量状况的本身，这种替代物之所以必要，是因为生活质量状况不能直接表现出来。社会经济指标的替代性，从另一方面也说明了社会经济指标只能在有限的范围内说明一定问题，而不能说明全部问题。因为，任何社会经济现象总是具有多方面联系的，而社会经济指标只能就社会经济现象的某一侧面或某几个侧面来反映。

第四，具体性。社会经济指标反映社会经济现象、揭示社会经济现象的一般规律时，不能是一般化的、含糊不清的，而必须是具体的、明确的，指标的本质就在于给事物以明确的表现。其他还有时间性、目的性、理论性、科学性、系统性等，不再一一叙述。

二、构建指标体系的原则

(一)科学性原则

指标体系一定要建立在科学的基础上，能充分反映可持续发展的内在机制，指标的物理意义必须明确，测算方法标准，统计计算方法规范，具体指标能够反映可持续发展的含义和目标的实现程度，这样才能保证评估方法的科学性、评估结果的真实性和客观性。

（二）全面性与简明性原则

要求指标体系覆盖面广，能全面并综合地反映可持续发展系统的各种因素，以及各因素之间的协调发展。根据指标的内容与特点，可分为综合性指标与单项要素指标，或部门性指标等。同时要求指标体系内容简单、明了与准确，并具有代表性。指标往往是经过加工处理过的，通常以人均、百分比、增长率、效益等表示，要求指标能准确、清楚地反映问题。

（三）相关与动态性原则

电力工业可持续发展的核心是实现电力与社会经济、能源资源、环境之间协调地发展。因此，要求指标之间都有着一定的内在联系，才能很好地评估可持续发展的程度。实现可持续发展又是一个动态过程，要求一些指标充分考虑动态变化的特点。既要有静态指标，也要有动态指标。

（四）实用与可比性原则

指标的设置要实用、容易理解，基础数据容易收集，所得指标应能易于进行地区之间和国际间的比较；同时，也要考虑与我国历史资料的可比性问题。

（五）层次性原则

可持续发展系统是一个复杂、巨大的系统，它可以分解成若干个子系统。因此，描述与评估经济社会可持续发展程度与发展状况，应在不同层次上采用不同的指标，即在不同层次上应有不同的指标体系，有利于政府决策者在不同层次上对经济、社会发展进行调整。

（六）定性指标与定量指标相结合原则

可持续发展指标体系应尽可能量化，但对于一些难以量化、其意义又重大的指标，也可以用定性指标来描述。

三、指标体系框架

我国地域广阔，由于区域的自然条件、发展历史、文化背景和地理位置等方面的差异，区域间经济社会水平差别很大，造成各区域间发展的不平衡。我国社会主义新农村建设要充分注意到区域可持续发展的不同类型，各地区在实践可持续发展战略过程中遇到的问题不一样，从而区域可持续发展主要目标、评价的重点也不一样，评价的方法或指标体系以及指标体系的权重等问题也由于区域差异而不同。目前，根据区域可持续发展的评价理论和村镇能源系统的构成要素，遵循科学性、目的性、引导性和可操作性原则，设计出如图 6.1 所示的村镇低成本能源系统评价指标体系，包括四个指标层。

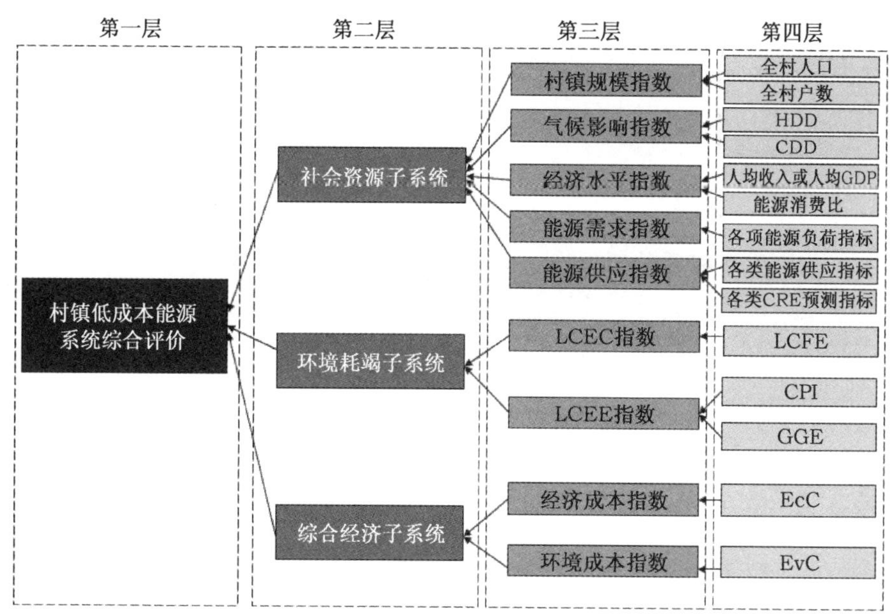

图 6.1　村镇低成本能源系统评价指标体系框架

第一层，也是总体层，为村镇低成本能源系统综合评价。

第二层(系统层)分为三个子系统:基于调研的社会资源子系统、基于LCA的环境耗竭子系统、基于LCC的综合经济子系统。

第三层(主层次)分为九个指数,包括村镇规模指数、气候影响指数、经济水平指数、能源需求指数、能源供应指数;生命周期能耗指数(LCEC)、生命周期环境排放指数(LCEE);经济成本指数、环境成本指数。

第四层(要素层)分为30个指标,全村人口、全村户数;HDD、CDD;人均收入或人均GDP;能源消费比;能源负荷指标包括供热负荷指标、空调负荷指标、照明及家电用电负荷指标、炊事负荷指标、生活热水负荷指标(根据现有设计规范和标准,规定前三项为平米指标,后两项为人均指标);能源供应指标包括煤耗量、电耗量、液化气LPG耗量、秸秆柴薪耗量;清洁可再生能源CRE预测指标包括沼气转换量、沼气发电量、秸秆气化量、秸秆发电量、太阳能得热量、太阳能光伏发电量、地源热泵供热量/制冷量、小水电发电量和风力发电量;生命周期化石能源耗竭LCFE;主要污染物影响CPI;温室气体排放GGE;经济性成本(EcC)、环境性成本(EvC)。

四、权重系数的确定

(一)权重及权重体系

某一指标的权重是指该指标在整体评价中的相对重要程度。没有重点的评价就不算是客观的评价,权重表示在评价过程中,是被评价对象的不同侧面的重要程度的定量分配,对各评价因子在总体评价中的作用进行区别对待,例如前面第四章中LCA中对能源耗竭潜力、全球变暖潜力和主要污染物影响三种环境影响类型的赋权以及第五章中对经济成本及环境成本的权重估计。权重体系是相对指标体系来确立的,若研究对象为一组评价指标体系,则相对应的权重组就成了权重体系。一组权重体系$\{W_i \mid i=1,2,\cdots,n\}$,必须满足下述两个条件:

(1)$0<W_i\leqslant 1$;$i=1,2,\cdots,n$;

(2) $\sum_{i=1}^{n} W_i = 1$，其中，n 是权重指标的个数。

一级指标和二级指标权重的确定。设某一评价的一级指标体系为$\{V_i \mid i=1,2,\cdots,n\}$，其对应的权重体系为$\{W_i \mid i=1,2,\cdots,n\}$，则有：

(1)$0<W_i\leqslant 1, i=1,2,\cdots,n$；

(2) $\sum_{i=1}^{n} W_i = 1$。

如果该评价的二级指标体系为$\{V_{ij} \mid i=1,2,\cdots,n, j=1,2,\cdots,m\}$，则其对应的权重体系$\{W_{ij} \mid i=1,2,\cdots,n, j=1,2,\cdots,m\}$应满足：

(1) $0<W_{ij}\leqslant 1$；

(2) $\sum_{i=1}^{n} W_i = 1$ ；

(3) $\sum_{i=1}^{n} \sum_{j=1}^{m} W_i W_{ij} = 1$。

对于三级指标、四级指标可以以此类推。指标权重的选择，实际也是对系统评价指标进行排序、评分的过程，而且权重值的构成应符合以上的条件。

(二)权重系数的确定原则

①系统优化原则。在评价指标体系中，每个指标对系统都有它的作用和贡献，对系统而言都有它的重要性。所以，在确定它们的权重时，不能只从单个指标出发，而是要处理好各评价指标之间的关系，合理分配它们的权重，遵循系统优化原则，把整体最优化作为出发点和追求的目标。②评价者的主观意图与客观情况相结合的原则。③民主与集中相结合的原则。

(三)权重系数的确定方法

1. 专家直观判定法

专家直观判定法是最简单的权重确定方法。它是决策者个人根据自己的经验和对各项评价指标重要程度的认识，或者从引导意图出发，对各项评价指标的权重进行分配。有时决策者会召集一些人讨论一下，听取大家的意见，然后由决策者确定。这种方法基本上是个人经验决策，往往带有片面性。对于比较简单的业绩评价工作，这个办法花费的时间和精力比较少，容易被接受。现行的许多企业人员业绩考评都采用这种方式。在应用时，应该注意的问题是要召集利益冲突的各方进行充分讨论，平衡各种不同的意见，避免专断的行为。

2. 权值因子判断表法

组成评价的专家组，包括人事部门的人员、评价专家以及相关的其他人员。根据不同的评价对象和目的，专家构成可以不同。专家填写权值因子判断表，再将行因子与每列因子相互对比，比如采用四分制时，非常重要的指标为 4 分，比较重要的指标为 3 分，同样重要的为 2 分，不太重要的为 1 分，相比很不重要的为 0 分，最后对各位专家所填权值因子判断表进行统计。

(1)计算每一行评价指标得分值。

$$D_{im}=\sum_{j=1}^{n}a_{ij} \tag{6.1}$$

式中：n——评价指标的项数；

a_{ij}——评价指标 i 与评价指标 j 相比时，指标得分值；

m——专家序号。

(2)计算评价指标的平均得分值。

$$P_i=\sum_{m=1}^{l}\frac{D_{im}}{l} \tag{6.2}$$

式中，l 为专家人数。

(3)计算评价指标的权值。

$$W_i=\frac{P_i}{\sum_{i=1}^{n}P_i} \tag{6.3}$$

3. 排序法

与权值因子判断表法类似，由专家根据自己的主观判断对评价对象中一级指标或二级指标对与其相对应的一级指标影响程度的大小，由小到大进行排序，填入表中，回收并进行统计，然后将统计结果再反馈给专家。如此反复进行两三次，最后予以确定。最后将回收结果进行数理统计，计算评价指标的权值，公式如下：

$$W_i = \frac{a_i}{\sum_{i=1}^{n} a_i} \tag{6.4}$$

$$a_i = \sum_{j=1}^{n} L_{ij} C_j \tag{6.5}$$

式中：n——评价指标的项数；

L_{ij}——第 i 项指标排在第 j 位的专家人数；

a_i——排序的分值。

一般规定 $C_1=n, C_2=n-1, \cdots, C_j=n-j+1, \cdots, C_n=1$。

4. 层次分析法[①②]

层次分析法（AHP 法）是对人们主观判断做形式的表达、处理与客观描述，通过判断矩阵计算出相对权重后，要进行判断矩阵的一致性检验，克服两两相比的不足。

表 6.1　　判断矩阵标度及其含义

标　度	含　义
1	两个因素相比，同样具有重要性
3	两个因素相比，一个因素比另一个因素稍微重要
5	两个因素相比，一个因素比另一个因素明显重要
7	两个因素相比，一个因素比另一个因素强烈重要
9	两个因素相比，一个因素比另一个因素极端重要
2,4,6,8	为上述相邻判断的中值

① 赵焕臣.1986.层次分析法[M]. 北京：科学出版社，9.

② [美]T.L.萨蒂著. 许树柏等译.1988.层次分析法——在资源分配、管理和冲突中的应用[M]. 北京：煤炭工业出版社，9.

A.L.Saaty 还将 1～9 标度方法同其他 26 种标度方法进行了比较，说明了 1～9 标度是可行的，也是比较好地将思维判断数量化了。AHP 法确定权重的步骤：①建立树状层次结构模型。应用 AHP 法分析社会的、经济的以及科学管理等领域的问题，首先要把问题条理化、层次化，构造出一个层次分析结构的模型。②确立思维判断定量化的标度。在两个因素互相比较时，需要有定量的标度，假设使用前面的标度方法，则其含义如表 6.1 所示。③构造判断矩阵：

$$A=\left\{\begin{array}{l}a_{11},a_{12},\cdots,a_{1n}\\a_{21},a_{22},\cdots,a_{2n}\\\cdots\cdots\\a_{n1},a_{n2},\cdots,a_{nn}\end{array}\right\} \tag{6.6}$$

运用两两比较方法，对各相关元素进行两两比较评分，根据中间层的若干指标，可得到若干两两比较判断矩阵。④计算权重。将判断矩阵每列正规化；将正规化后的判断矩阵按行相加；计算权重；计算矩阵的最大特征根。

以上赋权方法称为主观定权法，由于受到人为因素的影响，该法往往会夸大或降低某些特征的作用，导致排序结果不能完整、真实地反映事物间的现实关系，因此有必要结合客观定权法，形成主客观结合赋权法。

5. 因子分析法

因子分析是一种多元统计分析方法，是从多个原始变量中提取出较少数互不相关的、抽象的综合指标，即因子，进行分析。每个原始变量是项目的各项指标，可以表示为这些公共因子的线性组合。因子往往是不能直接观测到的，但它更能反映事物的本质。由于原始变量指标可以尽可能的多，因此排除了专家判断方法的主观性。因子分析法能够保证各指标充分全面而不冗余地反映信息，以往部分研究成果中有两种倾向影响了评价模型的准确性：一种是片面追求指标从各方面全面反映信息，没有注意到这些指标之间存在较强的相关性，在不做数学处理的情况下简单地对这些指标进行评价，指标间相关性严重，反映变量的信息大量冗余，指标体系缺乏科学的权重，造成评价结果不准确；另一种做法是为了避免指标反映信息冗余而在模型中只选择少数重要指标，这样做带来的问题是由于忽略了一些指标而使模型不能全面反映出项目的信息，影响了评价的准确性。因子分析法能够保证评价中各指标权重的科学性及合理性，使用因子分析法建立的评价模型中，反映水平的综合评价函数是各综合因子的线性组合，在线性组合中，各综合因子的权数不是人为确定的，而是根据综合因子的贡献率的大小确定的，即公共因子中包含的原始指标反映的信息越灵敏，其贡献率越大，权数也越大，因此运用因子分析法就克服了以往评价方法中人为确定指标权数的缺陷，使得综合评价结果唯一、客观、合理。方差贡献率 K 的表达式为：

$$K = \frac{\lambda_i}{\sum_{i=1}^{n} \lambda_i} \tag{6.7}$$

目前，以公共因子的方差贡献率作为权数，构造综合评价函数的方法被公认为较好的综合评价方法。因子分析方法能够保证在原始指标基础上产生的公共因子具有可比性。在因子分析过程中，由于对各个指标进行了标准化处理，所以使各种不同度量的指标化成了同度量的指标，消除了原始数据数量级上的差，这就使得各个指标以及公共因子之间具有可比性和可加性。

第三节　案例分析

在统计学中，主成分分析（principal component analysis，PCA）是一种简化数集的技术，属于线性变换，把数据变换到一个新的坐标系统，使得任何数据投影的第一大方差在第一个坐标（称为第一主成分）上，第二大方差在第二个坐标上，以此类推。这些互相正交的新变量是原先变量的线性组合，称为主成分。主成分分析可在减少数集的维数同时保持数集对方差贡献最大的特征，这是通过保留低阶主成分忽略高阶主成分实现的，这样低阶成分往往能够维持数据的最关键要素。此法用于除去有可能出现在散点图中的变量不足或含信息量低的因子，信息的大小用离差平方和或方差来衡量。

$$\begin{aligned} y_1 &= a_{11}x_1 + a_{12}x_2 + \cdots + a_{1p}x_p \\ y_2 &= a_{21}x_1 + a_{22}x_2 + \cdots + a_{2p}x_p \\ &\cdots\cdots \\ y_p &= a_{p1}x_1 + a_{p2}x_2 + \cdots + a_{pp}x_p \end{aligned} \tag{6.8}$$

主成分分析是将多个变量通过线性变换以选出较少个重要变量的一种多元统计分析方法，新的映射空间在保留原始数据信息的情况下通过合理选取主成分，可以去除原始数据中的噪声。它主要作为一种探索性的技术，在分析者进行多元数据分析之前用主成分分析来分析数据，让自己对数据有一个大致的了解。

利用 SPSS 软件进行主成分分析和因子分析。SPSS(statistical product and service solutions) 即"社会科学统计软件包"，是世界上最早的统计分析软件，由美国斯坦福大学的三位研究生于 20 世纪 60 年代末研制，具有完整的数据输入、编辑、统计分析、报表、图形制作等功能，自带 11 种类型 136 个函数。SPSS 提供了从简单的统计描述到复杂的多因素统计分析方法，比如数据的探索性分析、统计描述、列联表分析、二维相关、秩相关、偏相关、方差分析、非参数检验、多元回归、生存分析、协方差分析、判别分析、因子分析、聚类分析、非线性回归、Logistic 回归等。

选取 LCA 中分析的 3 个村镇 12 个能源方案，根据考察各个村镇资源量特征不同，略去次要或不存在的指标项。调用 SPSS 软件的 Factor analyze 程序进行分析。SPSS 在调用 Factor analyze 过程进行分析时，SPSS 会自动对原始数据进行标准化处理，所以在得到计算结果后指的变量都是经过标准化处理后的变量，但 SPSS 不会直接给出标准化后的数据，如需要得到标准化数据，则需调用 Descriptives 过程进行计算。

表 6.2 社会资源子系统指标标准化数据结果

系统层	主层次	要素层	计量单位	标准化结果											
				$1-A_0$	$2-A_1$	$3-A_2$	$4-A_3$	$5-D_0$	$6-D_1$	$7-D_2$	$8-D_3$	$9-E_0$	$10-E_1$	$11-E_2$	$12-E_3$
社会资源子系统	村镇规模指数	1. 全村人口	capita	−0.95	−0.95	−0.95	−0.95	−0.36	−0.36	−0.36	−0.36	1.31	1.31	1.31	1.31
		2. 全村户数	door	−1.30	−1.30	−1.30	−1.30	0.34	0.34	0.34	0.34	0.97	0.97	0.97	0.97
	气候影响指数	3. *HDD*18	℃·d	1.35	1.35	1.35	1.35	−0.66	−0.66	−0.66	−0.66	−0.70	−0.70	−0.70	−0.70
		4. *CDD*26	℃·d	−1.35	−1.35	−1.35	−1.35	0.57	0.57	0.57	0.57	0.78	0.78	0.78	0.78
	经济水平指数	5. 人均收入	yuan/capita	−0.79	−0.79	−0.79	−0.79	1.35	1.35	1.35	1.35	−0.56	−0.56	−0.56	−0.56
		6. 能源消费比例	%	1.35	1.35	1.35	1.35	−0.68	−0.68	−0.68	−0.68	−0.68	−0.68	−0.68	−0.68
	能源需求指数	7. 能源需求总量	kWh/capita/yr	1.29	1.29	1.29	1.29	−0.29	−0.29	−0.29	−0.29	−1.00	−1.00	−1.00	−1.00
		8. 供热负荷指标	W/m^2	1.17	1.17	1.17	1.17	0.00	0.00	0.00	0.00	−1.17	−1.17	−1.17	−1.17
		9. 空调负荷指标	W/m^2	−1.13	−1.13	−1.13	−1.13	1.21	1.21	1.21	1.21	−0.09	−0.09	−0.09	−0.09
		10. 照明等用电负荷指标	W/m^2	0.68	0.68	0.68	0.68	0.68	0.68	0.68	0.68	−1.35	−1.35	−1.35	−1.35
		11. 炊事负荷指标	W/capita	−0.54	−0.54	−0.54	−0.54	1.35	1.35	1.35	1.35	−0.80	−0.80	−0.80	−0.80
		12. 生活热水负荷指标	W/capita	−1.34	−1.34	−1.34	−1.34	0.51	0.51	0.51	0.51	0.83	0.83	0.83	0.83
	能源供应指数	13. 煤	kWh/capita/yr	0.88	0.88	0.88	0.88	0.45	0.45	0.45	0.45	−1.33	−1.33	−1.33	−1.33
		14. 电	kWh/capita/yr	−0.06	−0.06	−0.06	−0.06	1.20	1.20	1.20	1.20	−1.14	−1.14	−1.14	−1.14
		15. 液化气	kWh/capita/yr	−0.50	−0.50	−0.50	−0.50	−0.84	−0.84	−0.84	−0.84	1.34	1.34	1.34	1.34
		16. 秸秆柴薪	kWh/capita/yr	−0.56	−0.56	−0.56	−0.56	−0.59	−0.59	−0.59	−0.59	−0.37	1.66	1.66	1.66
		17. 太阳能得热量预测	kWh/capita/yr	−0.12	−0.12	−0.12	−0.12	1.23	1.23	1.23	1.23	−1.11	−1.11	−1.11	−1.11
		18. 产沼气量预测	$m^3/capita/yr$	1.14	1.14	1.14	1.14	0.05	0.05	0.05	0.05	−1.20	−1.20	−1.20	−1.20
		19. 产秸秆气量预测	$m^3/capita/yr$	0.98	0.98	0.98	0.98	0.32	0.32	0.32	0.32	−1.30	−1.30	−1.30	−1.30

表 6.3　相关系数矩阵 $R_{19\times19}$

	r_1	r_2	r_3	r_4	r_5	r_6	r_7	r_8	r_9	r_{10}	r_{11}	r_{12}	r_{13}	r_{14}	r_{15}	r_{16}	r_{17}	r_{18}	r_{19}
r_1	1.00	0.87	−0.72	0.76	−0.17	−0.70	−0.89	−0.97	0.19	−0.97	−0.37	0.80	−1.00	−0.68	0.92	0.97	−0.64	−0.97	−1.00
r_2	0.87	1.00	−0.97	0.98	0.34	−0.96	−1.00	−0.97	0.65	−0.71	0.14	0.99	−0.83	−0.23	0.61	0.71	−0.18	−0.96	−0.88
r_3	−0.72	−0.97	1.00	−1.00	−0.57	1.00	0.96	0.88	−0.82	0.52	−0.39	−0.99	0.66	−0.02	−0.39	−0.51	−0.07	0.86	0.74
r_4	0.76	0.98	−1.00	1.00	0.51	−1.00	−0.98	−0.91	0.78	−0.57	0.32	1.00	−0.72	−0.05	0.45	0.57	0.01	−0.89	−0.78
r_5	−0.17	0.34	−0.57	0.51	1.00	−0.58	−0.31	−0.10	0.94	0.42	0.98	0.46	0.24	0.84	−0.54	−0.42	0.86	−0.06	0.14
r_6	−0.70	−0.96	1.00	−1.00	−0.58	1.00	0.95	0.87	−0.83	0.50	−0.40	−0.99	0.65	−0.04	−0.37	−0.49	−0.09	0.85	0.72
r_7	−0.89	−1.00	0.96	−0.98	−0.31	0.95	1.00	0.98	−0.62	0.74	−0.11	−0.99	0.85	0.26	−0.64	−0.73	0.22	0.97	0.90
r_8	−0.97	−0.97	0.88	−0.91	−0.10	0.87	0.98	1.00	−0.44	0.87	0.11	−0.93	0.94	0.46	−0.79	−0.86	0.42	1.00	0.97
r_9	0.19	0.65	−0.82	0.78	0.94	−0.83	−0.62	−0.44	1.00	0.06	0.84	0.75	−0.12	0.59	−0.21	−0.07	0.63	−0.41	−0.22
r_{10}	−0.97	−0.71	0.52	−0.57	0.42	0.50	0.74	0.87	0.06	1.00	0.59	−0.62	0.98	0.84	−0.99	−1.00	0.82	0.89	0.96
r_{11}	−0.37	0.14	−0.39	0.32	0.98	−0.40	−0.11	0.11	0.84	0.59	1.00	0.27	0.43	0.93	−0.70	−0.60	0.95	0.15	0.34
r_{12}	0.80	0.99	−0.99	1.00	0.46	−0.99	−0.99	−0.93	0.75	−0.62	0.27	1.00	−0.75	−0.10	0.50	0.61	−0.05	−0.91	−0.81
r_{13}	−1.00	−0.83	0.66	−0.72	0.24	0.65	0.85	0.94	−0.12	0.98	0.43	−0.75	1.00	0.73	−0.95	−0.98	0.70	0.96	1.00
r_{14}	−0.68	−0.23	−0.02	−0.05	0.84	−0.04	0.26	0.46	0.59	0.84	0.93	−0.10	0.73	1.00	−0.91	−0.85	1.00	0.50	0.66
r_{15}	0.92	0.61	−0.39	0.45	−0.54	−0.37	−0.64	−0.79	−0.21	−0.99	−0.70	0.50	−0.95	−0.91	1.00	0.99	−0.89	−0.81	−0.91
r_{16}	0.97	0.71	−0.51	0.57	−0.42	−0.49	−0.73	−0.86	−0.07	−1.00	−0.60	0.61	−0.98	−0.85	0.99	1.00	−0.82	−0.88	−0.96
r_{17}	−0.64	−0.18	−0.07	0.01	0.86	−0.09	0.22	0.42	0.63	0.82	0.95	−0.05	0.70	1.00	−0.89	−0.82	1.00	0.45	0.62
r_{18}	−0.97	−0.96	0.86	−0.89	−0.06	0.85	0.97	1.00	−0.41	0.89	0.15	−0.91	0.96	0.50	−0.81	−0.88	0.45	1.00	0.98
r_{19}	−1.00	−0.88	0.74	−0.78	0.14	0.72	0.90	0.97	−0.22	0.96	0.34	−0.81	1.00	0.66	−0.91	−0.96	0.62	0.98	1.00

可见许多变量之间直接的相关性比较强，证明它们存在信息上的重叠。主成分个数提取原则为主成分对应的特征值大于1的前 m 个主成分。特征值在某种程度上可以被看成是表示主成分影响力度大小的指标，如果特征值大于1，说明变量的平均解释力度大，因此一般可以用特征值大于1作为纳入标准。

表 6.4　　初始因子荷载矩阵

Variance	Component Matrix		Variance	Component Matrix	
	b_{i1}	b_{i2}		b_{i1}	b_{i2}
V1	−0.98	−0.19	V11	0.18	0.98
V2	−0.95	0.32	V12	−0.90	0.44
V3	0.84	−0.55	V13	0.96	0.26
V4	−0.87	0.49	V14	0.53	0.85
V5	−0.02	1.00	V15	−0.83	−0.56
V6	0.83	−0.56	V16	−0.78	−0.39
V7	0.96	−0.29	V17	0.48	0.87
V8	1.00	−0.08	V18	1.00	−0.04
V9	−0.38	0.93	V19	0.99	0.16
V10	0.90	0.43			

表 6.5　　方差分解主成分提取分析表

Component	Extraction Sums of Squared Loadings		
	λ	% of Variance	Cumulative %
F1	12.41	65.30	65.30
F2	6.33	33.34	98.64

由相关系数矩阵 $R_{19\times 19}$ 可知，有些变量之间存在着较强的相关关系，因此有必要进行主成分分析。相关系数矩阵 $R_{19\times 19}$ 的19个特征向量为12.41，6.33，……由表6.5可知，前两个特征向量的方差累计贡献率达到98.64%，说明这两个主成分提取了原始数据的绝大部分信息，故可用这两个主成分来代替原先的19个指标以评价能源系统的水平。这两个主成分的表达式方程组可以用初始向量 X 写为：

$$Y_j = BX_{ij} \tag{6.9}$$

其中：Y_j——主成分表达式方程组；

B——初始因子荷载向量；

i——初始因子标号，$i=1\sim19$；

j——主成分标号，$j=1\sim2$。

由主成分的表达式的系数可以看出每个成分表达的信息。第一个主成分Y_1表达了1全村人口、2全村户数、3*HDD*18、4 *CDD*26、6能源消费比例、7能源需求总量、8供热负荷指标、10照明等用电负荷指标、12生活热水负荷指标、13煤、15液化气、16秸秆柴薪、18产沼气量预测、19产秸秆气量预测；第二个主成分Y_2表达了5人均收入、9空调负荷指标、11炊事负荷指标、14电、17太阳能得热量预测。根据每个主成分的贡献率K可以得到社会子系统总的发展水平S_i的表达式，将标准化矩阵中相应的数据代入可以得出$m=12$个能源方案的社会发展子系统的得分。

$$S_m=\left(\sum_{j=1}^{2}K_jY_j\right)_m \tag{6.10}$$

$$S_m=0.653Y_{m1}+0.3334Y_{m2} \tag{6.11}$$

式中，m为能源方案标号，$m=1\sim12$。

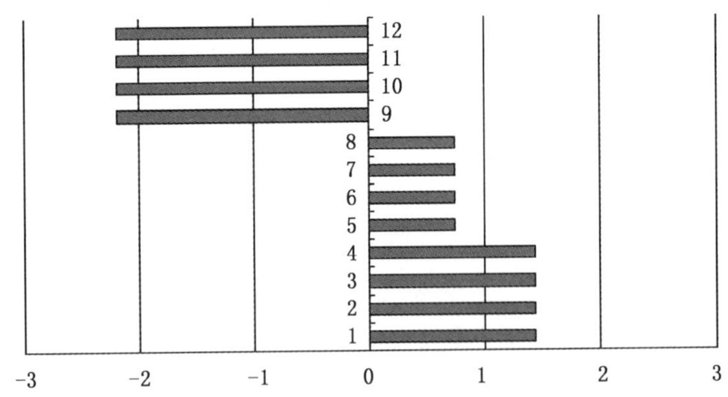

图6.2　村镇低成本能源系统社会资源子系统得分

从社会资源系统指标得分结果来看，A村最好，D村其次，E村最弱。同样的方法得到环境子系统和经济子系统的得分情况：

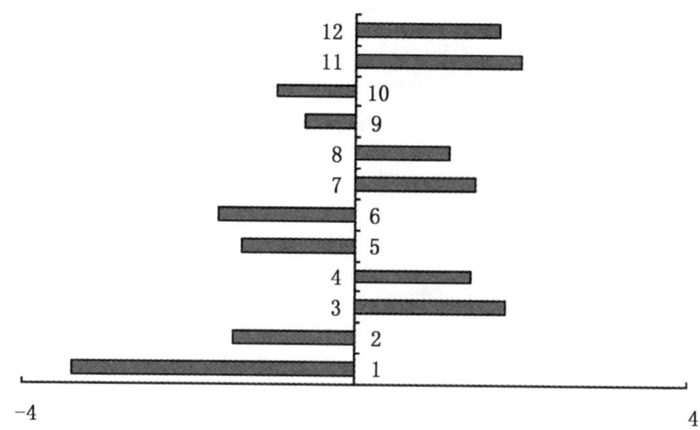

图 6.3　村镇低成本能源系统环境影响子系统得分

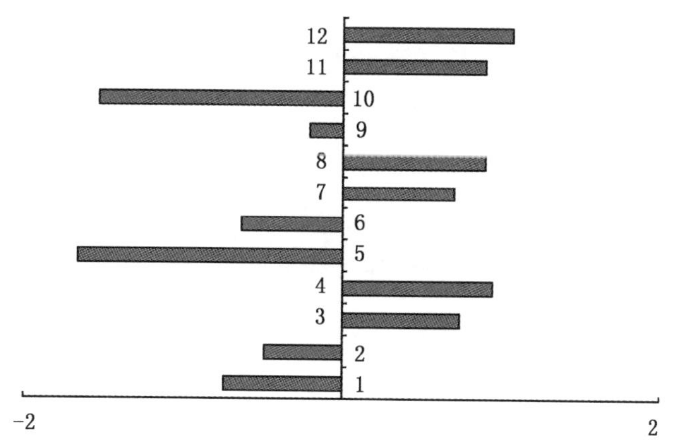

图 6.4　村镇低成本能源系统经济子系统得分

注：图 6.2～图 6.5 中的纵坐标表示 1～12 个能源系统方案，横坐标表示各个系统得分值。

从环境影响子系统指标得分结果来看，1～12 个能源方案的排序为 12，10，2，5，9，11，4，6，7，8，1，3；除了方案 2 和 5 的位置对调，其他排序与用 LCA 评价方法得出的结论基本一致，这是由于 LCA 采用主观赋权而主成分

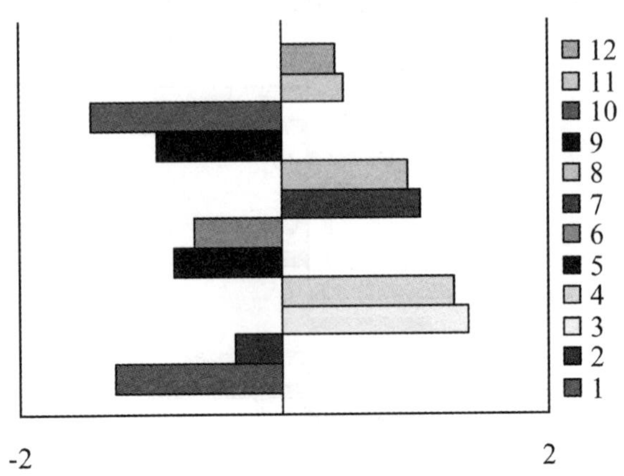

图 6.5 村镇低成本能源系统综合评价结果

分析采用客观赋权所致。从综合经济子系统指标得分结果来看,1～12 个能源方案的排序为 10,8,5,2,12,9,6,3,7,11,4,1。

若社会资源子系统、环境子系统和经济子系统参考现有研究成果的主观权重,取 $W=(0.292,0.44,0.268)$①,由各个子系统的分值可以得到村镇低成本能源系统总体评价结果,如图 6.5 所示。

$$I_m=0.292So_{m1}+0.44Ev_{m2}+0.268Ec_{m2} \tag{6.12}$$

综合评价结果总体趋势为秸秆气化系统和沼气系统的得分均为正,且随村镇地理位置由南向北逐渐增大。A 村原始方案以煤炭为主,煤炭为化石能源,虽然利用燃烧秸秆方案提高了综合得分,但得分仍为负。E 村的社会资源指标得分为负,但是通过清洁可再生能源的利用,使得综合得分变正,通过优化能源系统,社会、环境、经济综合改善效果最为明显。

通过对 3 个村镇 12 组能源方案的社会、经济、环境定量的综合评价,可以看到清洁可再生能源在提高农民生活质量、降低大气污染方面的优越性,减小以煤炭、秸秆直接燃烧为主的能源系统使用规模,改善村镇能源结构势在必行。

① 兰国良. 2004. 可持续发展指标体系建构及其应用研究[D]. 天津大学博士论文,5.

第七章

结论及展望

本研究在研究背景及现状的基础上对我国典型村镇生活能源系统做了调研分析，提出我国村镇能源系统的低成本发展方向。以常规能源系统为基准，对提出的可持续发展的可再生清洁能源系统进行了生命周期评价和经济性分析，并结合社会、环境和经济综合评价，获得村镇低成本能源系统的指标体系，得到的主要结论如下。

第一节 主要结论

(1)我国村镇居民生活能源分为冬季供暖、夏季制冷、照明及电器用电、炊事和生活热水，其中冬季供暖用能在村镇生活用能中消耗最大。气候条件是影响村镇生活能耗的最大因素；经济较发达地区农民的人均用电量较大，且较多使用夏季空调和生活热水。能源消费占家庭收入比例由北向南基本呈线性下降趋势。

(2)低温热水炕辐射采暖系统可以使得室内温度达到13.2℃～14.4℃，相对湿度44.3%，综合温度可达16℃；用户单元供热面积热指标可达31.25W/m^2，仅为住宅设计标准的35.5%，适用于北方采暖地区的村镇。

(3)新的能源生命周期分析模型包含生命过程部分和高阶循环部分两个层次，迭代计算中不但包括能源开采、生产阶段，还考虑了运输以及输配等阶段的能耗及环境排放。用此模型计算得到的 A_2、A_3、D_2、D_3、E_2、E_3能源方案的生命周期综合评价指标分别为 0.15、0.21、0.2、0.25、0.12、0.16，且采用秸秆气化系统和沼气系统效果由南向北差值趋向变大(分别相差 0.4、0.5、0.6)。

(4)燃气成本与村镇用气量的关系甚为紧密。利用 Excel 进行数据回归分析，集中制气系统回归曲线总体趋势呈凸函数规律的二次多项式，说明该模式下沼气成本随着人均用气量的增加呈现增长趋势，且达到最高值后呈下降趋势。分散制气系统沼气成本与人均用气量的回归曲线大致呈凹函数规律的二次多项式，说明分散制气模式下，沼气成本随着人均用气量的增加而减少，达到最低点后呈上升趋势。

(5)同一地区秸秆气的经济成本较沼气低，且秸秆气经济成本基本在 0.2yuan/m^3上下浮动。秸秆气化系统(A_2、D_2、E_2)和沼气系统(A_3、D_3、E_3)相比传统能源供应模式的综合成本较低，属于真正意义上的“低成本能源系统”。通过消费比验证，即使计环境成本，清洁可再生能源方案 A_2、A_3、D_2、D_3、E_2、E_3也都在农民经济可承受范围之内，再次证明了清洁可再生能源方案的经济性和环境友好性。

(6)从社会资源系统指标得分结果来看，A 村最好，D 村其次，E 村最弱；从环境影响子系统指标得分结果来看，1～12 个能源方案的排序为 12，10，2，5，9，11，4，6，7，8，1，3；从综合经济子系统指标得分结果来看，1～12 个能源方案的排序为 10，8，5，2，12，9，6，3，7，11，4，1；综合评价结果总体趋势为秸秆气化系统和沼气系统的得分均为正，且随村镇地理位置由南向北逐渐增大。

(7)A 村原始方案以煤炭为主，煤炭为化石能源，虽然利用燃烧秸秆方案提高了综合得分，但得分仍为负。E 村的社会资源指标得分为负，但是通过清洁可再生能源的利用，使得综合得分变正，通过优化能源系统社会、环境、经济综合改善效果最为明显。通过对3个村镇12组能源方案的社会、经济、环境定量的综合评价，可以看到清洁可再生能源在提高农民生活质量、降低大气污染方面的优越性，减少以煤炭、秸秆直接燃烧为主的能源使用率，改善村镇能源结构势在必行。

第二节　创新与不足

本研究提出村镇能源系统的低成本概念的新范畴及评价体系，包括经济低成本和环境低成本两部分，为村镇能源系统的低成本评价体系建立了理论框架雏形。其中：经济成本建立在经济性分析基础上，获得“当地化燃气成本”；环境成本是基于生命周期清单环境排放数据，分别按全球变暖潜在影响（GWPs）、人体健康影响（human health-damaging）和局域环境污染三种影响进行分类，并对3个典型村镇12个能源方案进行案例分析，将环境成本内部化。目前缺少基于LCA的村镇能源评价体系，建立了村镇能源系统生命周期评价的清单分析模型，包括对能源上游阶段清单模型的改进（上游阶段包括开采、生产、运输、输送、分配等阶段）及对使用阶段清单模型的提出。新的清单模型真正涵盖了由上而下的生命过程部分和能源产品的高阶循环部分两个层次。通过对3个不同热工分区10个村镇的调研获得的数据具有真实性，并在此基础上归纳目前典型村镇生活能源供需特征，建立村镇能量平衡分析方法。基于调查数据的模型分析和统计分析结论可靠。在能量平衡分析的基础上，提出“当地化”资源的低成本能源系统构成。村镇能源系统是多指标多层次的复杂系统，通过构建集成社会—经济—环境的村镇低成本能源系统指标体系，对不同能源方案的综合指标进行比较，实现了分析结果的定量化。

虽然调研范围已包括了我国5个热工分区中的3个地区，但由于时间和人员所限，在全国村镇的调研范围内，本研究仍属小样本分析，需要同行业研究人员的共同努力使得村镇能源系统供需现状的数据库更完整。由于生命周期原始排放模型参考了GREET模型的分析参数，因此基于生命周期清单分析的地球环境影响类型只包括了资源耗竭和大气污染（包括主要污染物排放和温室气体排放），未涉及土壤污染和水污染排放，可作为后续研究以完善LCA环境影响评价体系。生命周期成本分析应包括各个环节的经济及其环境成本，由于LCI高阶环境排放在计算时是耦合在一起的，无法根据阶段功能影响进行分解，也是这部分工作的不足之处，这部分内容可以作为后续研究，继而完善整个村镇低成本能源系统的评价体系。

第三节　展　望

本研究虽然取得了初步的成功，但依然任重而道远，尚有许多有待进一步深入进行的研究工作，这里择其要者简要讨论如下：

(1)村镇生活用能与生活习惯和地域性关联性很强。处于不同热工分区的村镇由于气候条件和居民生活习惯不同，能源需求量及需求种类都不同，因此今后能源系统规划一定要考虑资源能源的“当地化”，因地制宜，分区制定标准。

(2)指标体系构建中的权重和指标数值范围，需要增加更多的样本量才能确定，在今后的研究中扩大调研范围、增加村镇样本数量，可改进村镇能源系统的指标评价体系，提高指标数值的准确性。

(3)不同于单一对象，在对一个系统进行生命周期评价时，数据的准确性和波动性对结果的影响是不确定的。因此，对清单分析参数的标准化和敏感性分析也是今后能源系统LCA的发展方向，同时也对数据库的充实提出了更高的要求。

参考文献

[1]2005.我国可再生能源前景良好[J].黑龙江国土资源,(4):28

[2]2004.2003 中国能源发展报告[M]

[3]袁振宏,吴创之等. 2004.生物质能利用原理与技术[M].化学工业出版社

[4]李传统主编. 2005.新能源与可再生能源技术[M].东南大学出版社

[5]罗运俊等. 2005.太阳能利用技术[M].化学工业出版社

[6]宫靖远主编. 2004.风电场工程技术手册[M].机械工业出版社

[7]于景华.2003. 混沌时间序列分析下江苏—西部联动能源系统的研究[D].江苏大学硕士论文，5

[8]王晓明.2002.能源系统的复杂性分析及其应用研究[D].天津大学博士论文，6

[9]解新安.2002.可持续发展的能源系统集成建模与整体优化策略研究[D].华南理工大学博士论文，5

[10]杨淼.2002.生态建筑能源系统设计与分析[D].东南大学硕士论文，3

[11]傅瑛. 2002.能源系统混沌动力学预测模型及能源发展战略对策[D].江苏大学硕士论文，3

[12]宋国良. 2001.湘钢烧结厂能源系统优化的研究[D].中南工业大学硕士论文，1

[13]李增中.2002. 基于多智能体技术的能源系统供应链设计[D].上海交通大学硕士论文，1

[14]陈启转. 2001. 大型钢铁企业能源系统OLAP的研究及实施[D].上海交通大学硕士论文，1

[15]彭新. 2005. DEA分析在上市公司绩效评价中的运用——以能源板块为例[D].对外经济贸易大学硕士论文，4

[16]刘东生.2004.农村可再生能源建设项目环境影响评价方法及案例研究[D].中国农业大学硕士论文，6

[17]荆克晶.2004. 能源规划环境影响评价指标体系建立的研究[D].东北师范大学硕士论文，5

[18]张伟健.2004. 韶冶ISP过程资源、能源、环境评价和改进措施[D].中南大学硕士论文,4

[19]束庆.2004. 公交车能源供应及动力系统生命周期评价[D].同济大学硕士论文，2

[20]阚海东.2003.上海市能源方案选择与大气污染的健康危险度评价及其经济分析[D].复旦大学博士论文，4

[21]李新琪.2002.区域能源结构调整战略环境影响评价(SEIA)研究[D].中国科学院新疆生态与地理研究所硕士论文，6

[22]马忠海.2002.中国几种主要能源温室气体排放系数的比较评价研究[D].中国原子能科学研究院博士论文，6

[23]张艳丽.2002.农村可再生能源项目的社会影响评价研究——以"三位一体"模式项目为例[D].中国农业大学硕士论文，5

[24]田春秀. 2001.山东省电力系统能源链的生命周期评价[D].北京工业大学硕士论文，5

[25]毛良虎.1999.经济可持续发展与能源的关系研究——煤炭能源的发展趋势评价[D].天津大学硕士论文，7

[26]张棣. 1999.钢铁企业能源中心基本构成及技术经济评价[D].东北大学硕士论文，2

[27]汲奕君. 2004.能源规划环境影响评价的技术思路与实例分析[D].

南开大学硕士论文，5

[28]孟庆堂. 2004.费用效益分析在能源规划环境影响评价中的应用[D].南开大学硕士论文，5

[29]鞠美庭. 2004.能源规划环境影响评价的理论、方法与应用研究[D].南开大学博士论文，4

[30]劳学竞.2000.多种能源、多种形式供暖系统的经济性评价[D].哈尔滨建筑大学硕士论文，6

[31]李珀松. 2005.能源规划环境影响评价的技术方法与指标体系[D].南开大学硕士论文，5

[32]肖兰英.2007.生态住宅评价指标体系研究[D].北京师范大学硕士论文，5

[33]张平.2004. 清洁生产指标体系构建与案例数据库网站开发[D].东华大学硕士论文，1

[34][美]P.M. 迈尔. 1984. 能源规划概论[M]. 能源出版社

[35]邱大雄. 1991.农村能源综合建设规划与实施[M]. 清华大学出版社

[36]鞠美庭，张裕芬，李洪远. 2006. 能源规划环境影响评价[M]. 化学工业出版社

[37]沈建中. 1985. 能源规划[M].能源出版社

[38]张国华. 2000.中国新能源和可再生能源 1999 白皮书[M]

[39]张希良. 2005.风能开发利用[M].化学工业出版社

[40]马世忠.2006. 循环经济指标体系与支撑体系研究[D]. 中国海洋大学博士论文，6

[41]庞敦之.2006.区域经济发展环境指标体系及优化方案设计——以山东省为例[D]. 中国海洋大学博士论文，6

[42]李文婷，刘宏. 2004.国内外太阳能光伏发电发展综述[J].青海电力，23(4)：3－6

[43]熊巍，张存泉. 2005.我国太阳能技术发展概况与应用前景[J].阳光

能源，(10):74—77

[44]王双，王杰，阮映琴.2005.风力发电系统发展状况分析[J].华东电力，33(8):59—61

[45]袁振宏，吴创之等编著.2005.生物质能资源清洁转化利用技术[M].化学工业出版社

[46]刘时彬. 2005.地热资源及其开发利用和保护[M].化学工业出版社

[47]褚同金. 2005.海洋能资源开发利用[M].化学工业出版社

[48]张超. 2005.水电能资源开发利用[M].化学工业出版社

[49]毛宗强. 2005.氢能——21世纪的绿色能源[M]. 化学工业出版社

[50]上海青浦区统计年鉴(2004)[M]. 2005.上海青浦区统计局

[51]上海松江区统计年鉴(2004)[M]. 2005.上海松江区统计局

[52]本溪市统计年鉴(2005)[M]. 2006.本溪市统计局

[53]辛集县统计年鉴(2005)[M]. 2006.辛集县统计局

[54]武城县统计年鉴(2005)[M]. 2006.武城县统计局

[55]郯城县统计年鉴(2005)[M]. 2006.郯城县统计局

[56]崇明统计年鉴(2004)[M]. 2005.崇明统计局

[57]Fuller Sieglinde K.，Peterson Stephen R. 1996. NIST Handbook 135：Life Cycle Costing Manual for the Federal Energy Management Program [M]. Washington：U.S. Government Printing Office

[58]United States Environment Protection Agency. 1995. An Introduction to Environmental Accounting as a Business Management Tool：Key Concepts and Terms[M]. Washington, DC.

[59]Woodward, D.G. 1997. Life cycle costing：theory，information acquisition and application[J]. International Journal of Project Management，15(6):335—344

[60]Woodward, D.G. 1990. Information for life cycle costing[J]. Accounting World，4:13—15

[61]Bras, B., Emblemsvag J.. 1996. Designing for the Life Cycle: Activity Based Costing and Uncertainty, Design for X, Concurrent Imperatives[M]. UK: Chapman & Hall

[62]Khanduri, A.C., Bedard C. and Alkass S.. 1996. Assessing office building life cycle costs at preliminary design stage[J]. Structural Engineering Review, 8(2—3):105—114

[63]Bode, J..1998. Neural networks for cost estimation[J]. Cost Engineering, 40(1):25—30

[64]J.A. Fava, R. Denison, B. Jones, M.A. Curran, B.W. Vigon, S. Selke and J. Barnum. 1991. A technical framework for life cycle assessments [J]. The Society of Environmental Toxicology and Chemistry, Pensacola, Florida, USA

[65]Consoli F., Allen D. and Boustead I., et al..1993. Guidelines for Life-cycle Assessment: A Code of Practice[M]. Brussels: SETAC

[66]J.A. Todd and M.A. Curran.1999. Streamlined Life Cycle Assessment: A Final Report from SETAC—North America Streamlined LCA Workshop[M]. Pensacola, Florida, USA

[67]Saur, K.1998. Evaluation within Life Cycle Engineering, Production Design and Improvement Assessment[D]. Stuttgart University

[68]M.A. Curran, 2000. Life cycle assessment: an international experience[J]. Environmental Progress, 19(2):65—71

[69]ISO14040:1997. Environmental Management—Life Cycle Assessment Principle and Framework

[70]Curlee T.R., 2000. The use of life cycle analysis within the US department of energy[J]. Environmental Progress, 19(2):117—123

[71]B. W. Ang and F. Q. Zhang. 2000. A survey of index decomposition analysis in energy and environmental studies[J]. Energy, 25(12):1149—1176

[72]Heracles Polatidis and Dias A.Haralambopoulos,2006. Renewable energy systems: a societal and technological platform[J].Renewable Energy,4

[73]Cheng-Dar Yue and Shi-Sian Wang.2006.GIS—based evaluation of multifarious local renewable energy sources: a case study of the Chigu area of southwestern Taiwan[J].Energy Policy, 34(6):730—742

[74]N. Svensson, L. Roth, M. Eklund and A. Mrtensson,2006. Environmental relevance and use of energy indicators in environmental management and research[J].Journal of Cleaner Production, 14(2) :134—145

[75]D.A. Bechrakis, E.J. McKeogh and P.D. Gallagher,2006. Simulation and operational assessment for a small autonomous wind-hydrogen energy system[J]., Energy Conversion and Management,47(1):46—59

[76]Martin P., 2006. Dynamic life cycle assessment (LCA) of renewable energy technologies[J]. Renewable Energy, 31(1):55—71

[77]Li Junfeng, Hu Runqing, Song Yanqin, Shi Jingli, S.C. Bhattacharya and P. Abdul Salam. 2005. Assessment of sustainable energy potential of non-plantation biomass resources in China[J].Biomass and Bioenergy, 29(3):167—177

[78]Ottmar Edenhofer, Nico Bauer and Elmar Kriegler.2005.The impact of technological change on climate protection and welfare: Insights from the model[J].Ecological Economics, 54(2—3):277—292

[79]Zhuguo Li. 2005. A new life cycle impact assessment approach for buildings[J]. Building and Environment, 7

[80]C. Giannantoni, A. Lazzaretto, A. Macor, A. Mirandola, A. Stoppato, S. Tonon and S. Ulgiati, 2005.Multicriteria approach for the improvement of energy systems design[J].Energy, 30(10):1989—2016